投资者异质信念的
金融市场异象及资产定价

韩佳彤 著

中国金融出版社

责任编辑：赵晨子
责任校对：孙　蕊
责任印制：陈晓川

图书在版编目（CIP）数据

投资者异质信念的金融市场异象及资产定价 / 韩佳彤著. -- 北京 : 中国金融出版社, 2024. 8. -- ISBN 978 -7 -5220 -2481 -3

Ⅰ. F832. 51

中国国家版本馆 CIP 数据核字第 2024XL6271 号

投资者异质信念的金融市场异象及资产定价
TOUZIZHE YIZHI XINNIAN DE JINRONG SHICHANG YIXIANG JI ZICHAN DINGJIA

出版发行　中国金融出版社
社址　北京市丰台区益泽路 2 号
市场开发部　(010)66024766，63805472，63439533（传真）
网 上 书 店　www. cfph. cn
　　　　　　(010)66024766，63372837（传真）
读者服务部　(010)66070833，62568380
邮编　100071
经销　新华书店
印刷　北京七彩京通数码快印有限公司
尺寸　169 毫米×239 毫米
印张　11
字数　155 千
版次　2024 年 8 月第 1 版
印次　2024 年 8 月第 1 次印刷
定价　56. 00 元
ISBN 978 -7 -5220 -2481 -3

目　录

第1章 投资者异质信念与金融市场异象及资产定价分析

1.1 研究背景及研究意义

1.1.1 研究背景

20 世纪 50 年代以 Markowitz 的投资组合理论为代表的大量成果的问世，拉开了现代金融学的序幕，彼时出现了一大批优秀的金融学理论及数理模型，主要的理论核心就是“理性人假说”和“有效市场假说”。“理性人”作为经济学中最基本的前提假设，又称为“经济人假说”，该假说认为人都是绝对理性的，从利己角度出发力图用最小的代价获得最大的收益。而“有效市场假说”认为有这样一个市场，在这个市场中存在大量理性的，追求利益最大化的投资者，且每一个人在试图预测股票未来价格时都能够获取该只股票的重要信息，这就导致在每一个时间点，该只股票的价格反映出了市场中所有可以获取到的信息。此时这个市场便可称为一个有效市场。在以上两类假说的基础上，传统金融学逐渐完善自身的理论体系，从不确定性条件下投资者如何跨期配置资产以及均衡条件下证券价格的决定等方面提出了各种理论模型。

如 Markowitz（1952）[1] 通过资产组合报酬的均值和方差两个数学概念，从数学的角度定义了投资者偏好，解释了投资分散化的原理，系统地分析了资产组合以及资产选择方面的问题，提出了力求风险最小化和收益最大化两个投资组合目标，由此开启了资产组合理论的相关研究。Markowitz 首次提出了风险的概念，认为风险才是投资组合以及资产选择的关键，对传统资产配置中重收益的观点造成了巨大冲击。后人多以该“证券组合投资理论”作为现代资产定价理论的开端。

随后在 Markowitz 的资产组合理论和资本市场理论基础上发展起来的资本资产定价模型（Capital Asset Pricing Model，CAPM）认为，所有投资者都是按照 Markowitz 于 1952 年提出的“证券投资组合理论”进行投资，并假定所有投资者具有“同质期望”，即所有投资者对资产收益的均值、方差以及协方差具有相同的估计期望。在 CAPM 模型中，风险资产的期望收益率等于系统性风险溢价与无风险资产收益率之和，由于风险与收益之间存在着一个正的线性相关关系，因此得到了一个结论即高风险高回报，投资者若想获得高收益则需要投资高风险资产。随后 Jensen、Black 和 Scholes（1972）[2] 在 CAPM 的基础上提出了研究当资产组合中无风险资产不存在时的零 β 模型，此时即使无风险资产不存在，每个资产的预期收益率也同样是 β 的线性函数形式。Merton（1973）[3] 则构建了一个连续事件过程的投资组合与资产定价的理论框架，即跨期资本资产定价模型（Intertemporal CAPM，ICAPM）。该定价模型将 CAPM 模型从单一投资期转而放进了一个动态的过程中，使其中的投资者不仅要规避当期风险，还要应对投资环境的变化所带来的风险从而进行相应的套期保值策略，由此形成了多风险（多 β 系数）的资本资产定价模型。此外，还有 Ross（1976）[4] 提出的套利定价理论（Arbitrage Pricing Theory，APT）以及引入贴现因子概念的随机贴现因子定价模型（Stochasitc Discount Factor，SDF）等理论模型。即便如此，资本资产定价理论仍一直是金融学的核心研究领域，研究成果丰富。

此外，还有 Modigliani 和 Miller（1958）[5] 所建立的 MM 定理，开创公司金融学研究领域以及 Black 和 Scholes（1973）[6] 建立的期权定价模型（Option Pricing Model，OPM）等重要的理论模型，使现代金融学逐步形成了一套系统的研究体系。

不过随着对金融市场的进一步研究，学者们逐渐发现，越来越多的现实问题无法用传统的理论框架进行解释，如“股票溢价之谜”、小公司现象、“红利之谜”、“封闭式基金之谜”、账面市值比效应、过度反应与反应不足、天气效应、日历效应等，这些异象的出现说明了有效市场假说中关于“理性人”的相关观点并不完全符合现实，投资人作为一个鲜活的个体可能具有更加复杂的行为。此时，有学者开始试图从心理学角度来解释这些难以说明的异象。1972 年，Slovic 发表了一篇带有启发性质的论文《人类判断的心理学研究对投资决策的意义》[7]，但当时正值传统金融学发展鼎盛时期，传统金融的研究思路及体系普遍为学术界所接受，因此并未获得较大的关注。直到 DeBondt 和 Thaler（1985）[8]的发表，以及此后的 Shiller（1997）[9]等学者分别从心理学、社会学等角度研究投资者的行为心理对传统金融理论体系造成了严重的冲击，行为金融学的研究成果逐步为学术界认可，使行为金融学迎来了一段黄金时期。行为金融学在许多方面都对传统金融学发起了挑战，其中最主要的一点就是传统金融学的基本假设“理性人假设”，“理性人假设”中认为个体投资者在不确定的情况下严格按照贝叶斯法则计算期望效用函数进行投资决策，即便群体中有非理性个体，这种非系统性的非理性行为也会彼此抵消，从而使整体保持理性，而若是这种非理性无法相互抵消，则套利者通过套利行为也会淘汰掉这些非理性犯错误的投资者，使市场恢复到均衡的理性状态。然而行为金融学发现，人在不确定的条件下所作出的决策并不是完全理性的，在作出投资决策时会受到各种因素的影响，如过度自信、损失规避、可得性、框定依赖等心理因素产生系统性的认知偏差。这种认知的偏差使市场中的个体不再完全理性，因此 Herbert Simon 于 1976 年在 *Administrative Behavior*[10]中提出了“有限理性”假定，“有限理性”是与“完全理性”相对应的一个观点，“有限理性”认为投资者会为了追求满意的结果而进行抓住本质，简化决策变量的理性行为。投资者表现为同时具有收益风险厌恶以及损失风险偏好，容易受噪声的影响，对未来的预期能力存在过度自信，心理账户、典型示范、启发性思考、框架依赖等心理偏差，决策方式存在过度反应、反应不足、处置效应等行为偏差，并进行噪声交易（左坤和方荣楷，

2007)[11]。因此，与传统金融学所基于的“理性人”假设相比，行为金融学则以“行为人”作为前提假设，以更加贴近现实投资者决策过程以及投资环境的角度建立了一套新的金融分析框架。基于“有限理性”以及“行为人”的理论背景，本书也将会从投资者异质信念角度研究投资异质的信息解读处理对于资产定价的影响。

投资者异质信念（意见分歧）作为资产定价领域一块较为新潮的研究方向，突破了传统资产定价理论中对于投资者“同质信念”的假设局限性。“同质信念”从理论上虽具备可行性，但在实际经济生活中却由于环境或是个体自身的差异使得投资者并不能时刻对未来预期作出一致且准确的判断。Heckman 于 2001 年在获得诺贝尔奖时的发言中就提到：“经济生活中关于异质性和多样性的证据是最重要的发现”。因此对投资者异质信念的研究就显得尤为必要了。在对投资者异质信念进行研究时通常从三个方面入手：渐进信息流动机制、有限注意、先验的异质性。Hong 和 Stein（2007）[12]将以上三个方面总结为异质信念形成的三个机制。无论是从信息传递速度的同步性角度或是信息处理角度，抑或是投资者个体差异角度，均可以说明投资者很难对同一个风险资产的未来收益分布持有相同的预期，正是因为这种投资者信念差异所造成的不同的投资决策，才使金融市场能够产生活跃的交易。

同时，基于我国股票市场现实背景，我国股票市场相比国外市场而言仍处于一个不断调整完善的阶段，且带有自身独特的“中国特色”。其中一个显著区别在于成熟股票市场的特点即散户多于机构投资者。截至 2016 年，从账户构成来看，我国个人账户数量占总账户数量比高达 99.72%，机构投资者账户占比为 0.28%，个人投资者在股票市场中占有绝对优势，尤其是以中小投资者为主。而中小投资者进行投资决策时的情绪化、着迷于小道消息等行为特征为本书以我国股票市场为背景对投资者异质信念的研究提供了现实背景。

因此，基于以上两个方面背景，本书围绕投资者异质信念从投资者的异质先验信念和投资者的后验异质信念（信息不对称及认知偏差）角度研究中国 A 股市场中投资者异质信念对于金融市场异象及资产定价的影响。

1.1.2 研究意义

1.1.2.1 研究的理论意义

自从投资者异质信念的相关概念逐渐为学术界所关注，相关研究便不断突破传统资产定价理论中关于投资者信念“同质性”的理论基础。传统资产定价理论中对于投资者的预期是拥有同质的信念且能够“完美的”预期市场价格。而投资者异质信念则提出了相对立的理论，认为投资者作为一个不同的市场参与者会受到多方面的影响，这些影响因素使投资者拥有异质的信念，并在投资者形成价格预期的过程中起到关键的作用，进而影响市场价格的形成。通过研究投资者异质性对于资产价格是否有预测作用，能够验证投资者信念调整对资产定价及价格动态的影响，拓展我国相关异质信念的理论研究，进一步扩大我国投资者异质信念对于资产价格形成以及股票收益相关问题的研究深度。

1.1.2.2 研究现实意义

我国股票市场的独特投资者结构造就了以我国市场为背景研究投资者异质信念的现实意义。相比国外市场而言，我国市场仍处于一个发育阶段，“中国特色”显著。其中一个显著区别于成熟股票市场的特点即散户多于机构投资者。截至 2016 年，从账户构成来看，我国个人账户数量占总账户数量比高达 99.72%，机构投资者账户占比为 0.28%，个人投资者在股票市场中占有绝对优势，尤其是以中小投资者为主。而据美联储 2015 年末统计结果显示，美国的个人及非营利性组织占比仅为 37.3%，其他均由各类基金（养老基金、共同基金、ETF 基金等）、证券公司、国外投资者等专业投资者组成。可见两个股票市场的持股结构差别明显。而中小投资者投资素质良莠不齐，且他们的一些独特的投资心理使我国投资者异质信念程度更高。既然我国投资者异质信念程度高并不是一个长期能够解决的问题，那么如何合理地利用投资者异质信念来更清楚地认清我国股市的运行特点，可以从一个更为理性的角度把握市场发展。

从市场监管者角度来看，对于投资者异质信念的相关研究能够有助于市场监管者对市场中的异质信念引起一定的重视，并能够利用且善于利用市场中的投资者异质信念更好地把握市场的运行规律，识别风险，有利于维护市场健康稳定的发展。并且通过投资者异质信念能够优化我国市场投资者结构，对非理性投资行为能够及时发现并遏制，制定相关政策法规，完善市场制度，为我国投资者创造一个更加理想的投资环境。

1.2 研究内容及研究方法

1.2.1 研究内容

本书的主要目的是研究投资者异质信念与资产定价及股票收益的关系。主要采取理论分析与实证检验两种方法。

我们首先从投资者异质信念的定义与产生机制开始进行理论总结，并对投资者异质信念的衡量代理指标进行总结，从我国股票市场投资者组成结构分析对我国投资者异质信念进行研究的必要性以及可行性。其次，对投资者异质信念与资产定价相关文献从理论模型以及实证检验两个方面进行了梳理，最后，在前人文献的基础上从理论分析及实证分析两个方面进行分析。

在理论分析部分，投资者中的异质信念导致他们面对同一条公开信息具有不同的情绪表现形式，主要可以分为两类：乐观（积极）投资者和悲观（消极）投资者。通过建立一个异质投资者模型，在模型中将投资者们根据他们的情绪偏好分成乐观投资者组和悲观投资者组，经过模型推导后，本书发现乐观投资者及悲观投资者的情绪方差也是影响资产定价偏差的重要因素。并通过实证检验对模型结果在中国 A 股市场进行验证。

在实证检验部分，本书从投资者的信息不对称性导致对资产风险的错估角度出发，发现股票的系统性风险与投资者异质信念指标之间的关系，并进一步通过构建投资组合与回归分析两种方法发现投资者异质信念能够影响股票系统性风险与收益之间的关系，对高风险股票而言，投资者异质信念会降低其风险溢价。

在实证检验的第二部分，本书在现有的文献基础上，使用沪深 A 股 2010

年12月至2019年9月的相关数据，研究了个人投资者的情绪和意见分歧对我国市场的影响。在此基础上，本书进一步考虑了个人投资者极端情绪，在意见分歧与股票收益的关系框架中发挥的独特作用。本书从情绪的方向、变化以及程度三个方面，深入分析了个人投资者的交易行为对股票市场产生的影响，具体内容如下：第一，本书着重考察了个人投资者情绪对意见分歧和股票收益二者关系的调节效应；第二，按照股票市值大小和股票受投资者关注的情况对股票进行分类，分析了个人投资者情绪对意见分歧与股票收益二者关系产生的异质性影响；第三，研究了个人投资者情绪的动态变化在意见分歧影响股票收益的过程中产生的调节效应。此外，本书进一步将极端情绪剥离出来，考虑了个人投资者极端情绪的方向（极端高情绪和极端低情绪）在投资者行为影响资产定价的研究框架中发挥的独特作用。

在实证检验的第三部分，本书从投资者认知偏差角度出发，通过构建三种异常新闻指标，检验了异常新闻报道行为能够影响投资者异质信念对收益率的影响程度。我们发现三种异常新闻指标均在不同程度上显著影响投资者异质信念以及股票收益，其中异常曝光度与当期投资者异质信念度、当期股票收益呈正相关关系，但均为短期影响。新闻的异常低落的关注度以及异常负面的报道情绪会对投资者分歧产生长期持续性的影响，且同样对股票收益率呈显著负相关。并且在对三种异常新闻指标运用主成分分析法构造了异常新闻指数后，发现异常新闻指数显著提高了投资者异质信念的收益率影响程度。

1.2.2 研究方法

本书在研究相关问题时采用了以下方法：

首先采用理论总结方法，广泛阅读相关文献，通过检索梳理了投资者异质信念与金融市场现象的相关文献，并在此基础上对于相关文献的理论模型与实证中关键变量的构造方法进行总结与梳理。其次通过理论分析的方法，根据已有的研究结论推导出本书的相关理论假设。

在理论分析方面，通过选择合适的参考模型为基础建立一个新的理论模型，研究资产定价相关问题。然后采用实证分析的方法，通过梳理关键指标，如投资者异质信念、个人投资者情绪、投资者关注度等指标，理清思路，并选择适合本文研究问题的方法构建相关实证变量。

在实证分析中，本书主要借助 Matlab 与 Stata 两种软件进行数据的处理。使用了实证研究中必要的描述性统计、相关性检验、建立投资组合、主成分分析法构建指数、CAPM 模型、Fama - French 三因子、Fama - Macbeth 回归等方法，力求选择合理的方法完成相应研究问题。

1.3　相关理论

1.3.1　投资者异质信念的产生

传统金融学的理论核心是有效市场假说和期望效用最大化，其理论基础即将投资者作为理性人看待，认为投资者在进行经济活动时均从理性认知角度出发追求利益最大化以及成本最小化，且投资者均具有一致的风险厌恶程度。Shleifer（2000）[162]在有效市场存在的弱化条件中指出，有效市场理论中即使存在非理性的投资者，这些投资者的交易行为也具有随机性，而不能获得长期有效的超额收益，且不能够维持资产价格有巨大偏差，因为理性投资者会通过理性的、完全的、有效的套利策略使资产价格回归理性预期。这就要求在传统金融框架下的投资者需要具备完全理性、无限意志和无限自私（Mullainathan 和 Thalar，2000[163]）。随后在资产组合理论和资本市场理论基础上发展起来的资本资产定价模型（Capital Asset Pricing Model，CAPM）认为，所有投资者都是按照“资产组合理论”进行投资，并假定所有投资者具有“同质期望”的前提条件，认为所有投资者对资产收益的均值、方差以及协方差具有相同的估计期望，也就是说，投资者对于资产的收益和风险具有相同的预期。但是这种投资者均为理性同质的情况在现实金融市场中显然是不存在的，此后 Herbert Simon 于 1976 年提出了针对投资者行为出发的“有限理性”假定，并逐渐形成了行为金融学学科。“有限理性”是与传统资产定价理论中的“完全理性”相对应的一个观点，行为金融学认为，投资者会为了追求满意的结果而进行的抓住本质，简化决策变量的理性行为。因此，“有限理性”投资者会表现为同时具有收益风险厌恶以及损失风险偏好，容易受噪声的影响，对未来的预期能力存在过度自信，心理账户、典型示范、启发性思考、框架依赖等心理偏差，决策方式存在过度反应、反应不足、处置效应等行为偏差，并进行噪声交易（左坤和方荣楷，2007）[11]。

然而，无论是“完全理性”还是“有限理性”，对投资者的限定都是严格的，这种条件在现实中是很难存在的，每一位投资者在作出任意一个经济决策前都受到各种因素的影响，包括投资者自身的异质性以及投资者外在环境经历的异质性，这种投资者的异质性使投资活动变得更为复杂，也更符合真实市场活动。因此，有学者开始对此提出了质疑，并在随后的几十年里投身于对投资者的信念异质性与金融市场关系的研究中，针对市场中的异象从不同角度进行解释。

1.3.1.1 投资者的异质性

对异质投资者的划分有很多种，大多数文章将异质投资者按照研究需要划分为乐观投资者和悲观投资者，或是理性投资者和非理性投资者等。Campbell（2000）[164]通过对前人文章的分析，总结划分出四类投资者的异质性：异质约束、异质收入、异质偏好以及异质信息。以下将对四类异质性进行详细说明。

（1）投资者的异质约束条件

投资者的异质约束条件即指投资者之间由于所受到的约束条件不同从而作出不同的投资决策。简单的分析就是，假设市场中有两类投资者：一类投资者由于自身的收入以及财产的约束而无法进入市场进行投资交易；而另一类投资者则可以通过每期的收入而进入市场进行交易。因此，这类具有财富限制的投资者的消费就不是资产的均衡价格所能决定的，但这类消费者却有可能占据整个市场消费比例中很大一部分。相当一部分文章对这两类投资者的投资消费状况进行分析，如 Campbell 和 Mankiw（1989）[165]发现，消费增长的可预测性变化与收入增长的可预测性变化相关，这其中约束性投资者起到了关键性作用。

（2）投资者的异质收入条件

投资者的异质收入条件即指不同投资者具有不同等级的收入水平，收入水平的差异会间接影响到消费水平与金融市场的投资程度。如果投资者从劳动中获取收入面临风险，则只能通过股票交易和债券等资产来分担这些风险。在现实交易中，不同投资者由于其自身条件（年龄、学历等）的不同，会对其投资行为产生影响。Constantinides 和 Duffie（1996）[166]发现，不同年龄阶段的投资者在投资行为上会有显著差异，具体表现在年轻投资者较其他年龄层投资者对于投资股票有着更强烈的意愿，因为他们将大部分劳动收入投资于金融产品以求获取更多财富。如果禁止这类年轻投资者进行卖空交易，股票溢价会变高。

（3）投资者的异质偏好条件

投资者的异质偏好条件主要指投资者对不同金融资产具有不同的风险偏好。通常投资者根据不同的风险偏好可以分为三类：风险厌恶型投资者、风险偏好型投资者和风险中性型投资者。投资者的风险偏好不同也会影响其投资决策行为。部分学者在投资者的异质风险偏好领域进行研究，Dumas（1989）[167]通过分析具有相对风险厌恶偏好，但风险厌恶系数不同的两类投资者，发现不同的风险厌恶系数对这两类投资者在财务消费、股权持有以及储蓄行为都有影响。

（4）投资者的异质信息条件

投资者的异质信息条件即指不同投资者具有不同获取信息的途径，导致不同投资者获取信息的能力不同，从而对未来收益分布有着不同的判断，即产生异质信念。

异质信念条件是相对于传统金融学中的“同质预期”提出来的，“同质预期”强调投资者能够接收所有对资产价格有影响的信息并能作出快速反应，同时作出精准的解读判断。但是在现实中，这对于投资者的要求过于严苛很难实现。首先，不同投资者具有不同的接受信息的渠道与方式，很难覆盖到全渠道获取信息，且不同投资者对于信息类型也具有不同偏好，如一些投资者由于过度自信导致他们忽略与自己判断不一致的信息等行为；其次，对于同时接收到的信息，投资者由于自身素质条件或是外在环境影响会有不同理解判断。以上两个方面均会使投资者产生异质信念从而影响其投资决策行为。

1.3.1.2　投资者异质信念的产生机制

随着行为金融学的崛起，投资者信念的异质性也逐渐被广大学者所接受，同时也引发了人们的好奇，投资者信念的异质性是怎样产生的？什么导致了投资者产生了异质信念？因此有学者从心理因素及外在因素等多方面对投资者异质信念的成因机制做了大量研究（Huberman 和 Regev，2001[168]，Menzly 和 Ozbas，2006[169]，Hong Torous 和 Valkanov，2007[170]），Barberis 和 Thaler（2003）[87]将异质信念按照时间分为先验异质信念、后验异质信念以及信念更新过程中的异质性。Hong Torous 和 Valkanov（2007）[170]在书中对投资者的异质信念形成机制做了详细的分析，将投资者异质信念形成机制分为渐进的信息流动、投资者有限注意和先验的异质性三个方面。以下将根据三个方面的产生机制作详细分析。

（1）渐进的信息流动（Gradual Information Flow）

渐进的信息流在资本市场中是一个十分重要的因素。原因在于与股票价值相关的信息并不是直接向所有投资者公开，而是逐步扩散至整个市场，而不同投资者由于其信息渠道的不同导致获取信息的时间各不相同。无论是从信息分布角度还是投资者细分或是投资者专业化角度看，市场中与股票价值相关的信息在公开前均会被一小部分投资者所掌握。因此，如果消息对股票价值起到的是积极正向效果的，那些首先掌握信息的投资者会上调对该股票的估值，其余非知情交易者则仍保持原有估值不变，由此增加投资者对这只股票的异质信念，随后知情交易者将会选择从非知情交易者手中买入股票。

Huberman 和 Regev（2001）[168]通过对一家生物科技公司 EntreMed 的交易行为进行研究后发现，1998 年 5 月 3 日（星期日）纽约时报刊登了一则头版新闻介绍癌症研究方面的最新创新，其中着重介绍了这家生物科技公司的技术成果，第二天 EntreMed 的股票大幅上涨，最后收盘于每股 52 美元，远远超过上周五每股12美元的股价。另外，Bernile、Hu和Tang（2016）[172]对美国含有敏感经济数据的宏观新闻发布会前的封锁期进行研究，发现在封锁期期间股票市场存在订单流不平衡现象，存在知情交易，且知情交易者在这期间通过知情交易获得巨额收益，也就是说，封锁期并不能真正封锁消息，反而成为信息泄露的一个源头，扩大了投资者异质信念程度，使小部分投资者提前获取消息进行交易。Hou（2007）[173]发现了股票市场中信息流渐进传播的证据，首先，在同行业公司中，大市值公司的信息传播速度快于小公司，行业领军公司的信息传播速度高于其余跟随公司，低特质波动率公司的信息传播速度高于高特质波动率公司；其次，小市值成长型公司，竞争程度低的新型行业和不太受关注的行业的信息传播速度较慢。

（2）投资者的有限注意（Limited Attention）

有限注意作为一个心理学名词，指在刻画个体在认知过程中存在的缺陷。Kahneman（1973）[174]认为，个体在处理信息或执行多任务时的能力是有限的，因此注意力变成认知过程中的一种稀缺资源，当个体在面临多任务或是多信息的环境中时无法做到平均分配有限的注意力，而是会根据个体自身认知和偏好从众多任务和信息中选取主要关注对象，从而势必造成对某一事件投入的关注度高于其他事件的关注度。在行为金融中，一些金融异象就可以解释是由与投资者的有限注意所引发的，如过度自信，反应过度，证实偏差等一些经典的行为偏差，都是由于认知超负荷的投资者只关注一小部分公开的信息所造成的。

因此，有限注意与渐进的信息流之间存在着本质的差异，渐进的信息流倾向于信息传播需要过程使投资者之间由于信息量的差异造成投资者异质信念，而有限注意是指充斥着大量信息的市场中，不同的投资者因关注度不同导致接受信息的差异，造成对股票价值的估计不同，从而造成投资者之间的异质信念。因此，一条消息刊登在关注度较高的平台和关注度较低的平台是有显著差异的，如上小节中EntreMed公司的例子，研究者发现，其实相同内容的信息在5个月前就已刊登在了一个著名的科学杂志上，但是当时所引起的股价上涨远不如5个月后纽约时报报道所造成的影响大，主要原因也是在于关注科学杂志的人与看纽约时报的人群无论是从人数上还是类别上都是有差异的，因此对股价的影响程度不同。

学术界对于有限注意做了大量研究，其中 Peng 和 Xiong（2006）[175]发现有限注意会使投资者偏向选择简单交易策略，使投资者的关注度更多的偏向于宏观层面或是行业层面，而很少对从公司层面进行评价，影响其投资决策。DellaVigna 和 Pollet（2009）[176]认为，星期五是投资者对股票收益关注较低的时间，因此将星期五发布盈余公告的事件与其他交易日发布盈余公告的事件对比，发现盈余公告在星期五发布与其他时间发布盈余公告比及时响应度下降 15%，延时响应度提高了 70%，投资于星期五的投资组合获得了巨大的异常回报，文章发现的一些证据支持了由于有限注意力所导致的对信息反应不足，解释了盈余公告后价格漂移现象。

（3）先验信念的异质性（Heterogeneous Prior Beliefs）

投资者先验信念的异质性指个体由于自身素质或过往经历使其对某资产产生固有判断的差异。简单来讲，在现实市场中有两个投资者同时接收到内容相同的关于某资产的信息，假设两位投资者均投入全部的注意力在这条信息上，但由于他们自身素质（性别、年龄、学历、收入、家庭等）或是个体经历及经验（投资时间长短、投资方式、投资收益情况等）的不同，使两位投资者在处理信息时对信息进行心理加工，他们对于这条信息的解读与判断也不尽相同，导致他们对于该资产价值的估计判断产生分歧。

Harrison 和 Kreps（1978）[14]认为，异质期望就是投资者所具有的先验信念，通常在理论模型中，先验信念都是以投资者对于某一资产特定时间段收益率的不同概率函数的形式体现。

在实证中，Goetzmann 和 Massa（2005）[60]根据 1991—1995 年 10 万个投资者的交易账户数据，将这些样本根据收入、年龄、职业进行分组，发现不同组之间的交易量存在差异，用交易量差额的绝对值来衡量投资者异质期望后发现，这些投资者的异质期望和股票未来的收益之间存在显著的负向关系，并以此支持了 Miller（1977）[13]的观点。其样本中的投资者收入、年龄、职业均是一个投资者自有的素质条件，因此也都是对其先验信念有影响的因素。

同时在实际投资交易中，投资者使用不同的估值模型也会造成投资者之间的异质信念，Kandel 和 Pearson（1995）[49]对投资者进行交易决策的理论模型研究，发现如果投资者使用不同的经济模型，也会使他们对同一条新闻有不同的理解判断。投资者的异质先验信念是驱动交易的动力之一。

1.3.2 投资者异质信念的测度指标

Miller（1977）[13]发现股票收益与投资者异质信念及卖空限制相关，且投资者异质信念越大，卖空限制条件越强，股票被高估的程度越大。主要原因表现在由于卖空限制的存在，乐观投资者进入市场，而悲观投资者无法市场表达自身对与股价的判断，导致股票相对真实价值而偏高。Miller 的这一篇“奠基”级别文章的发表，引发了许多学者对投资者异质信念的分析，不断有学者在 Miller（1977）[13]的模型基础上进行改进，但初期多集中于理论模型推导分析，而没有相关实证检验，难点主要在于没有一个合理的指标能够将投资者异质信念量化。直到有学者开始尝试用分析师盈余预测数据代替衡量投资者异质信念，学术界才开始逐渐出现研究投资者异质信念的实证文章，随后不断发现可以间接表征投资者分歧程度的指标，如交易量、异常交易量、换手率、调整后换手率、买卖价差、股票收益波动率等指标。作为本书主要研究对象，选择合理的投资者异质信念的衡量指标显得尤为关键，接下来将对学术界普遍认可的投资者异质信念的测度指标进行详细说明。

1.3.2.1 投资者异质信念测度指标

（1）分析师盈余预测分歧

证券分析师作为近代资本市场中很重要的一环，起到了链接资本市场与投资者之间纽带的作用，他们凭借自己的专业知识将资本市场中的各类信息进行整理分析。Athanassakos 和 Kalimipalli（2003）[171]认为，分析师盈余预测分歧即指分析师通过整理分析市场中关于某指定公司的信息后进行盈余预测，在这一过程中产生分析师预测结果不一致的现象。分析师盈余预测分歧是最早用于衡量投资者分歧的指标之一，大量经典文章通过分析师盈余预测分歧指标间接代替投资者异质信念指标对异质信念进行研究。如 Beaver（1968）[23]、

Ziebart（1990）[24]、Bamber、Cheon（1995）[25]、Barron（1995）[26]等文章通过引用分析师盈余预测指标代替投资者异质信念，并发现投资者异质信念与公司公告之间的关系，Ajinkya、Atiase 和 Gift（1991）[27]研究交易量与异质信念过程中用分析师年度 EPS 预测值的修正值作为投资者异质信念的替代变量，发现分析师盈余预测值与交易量呈显著正相关。在缺乏有效能够直接量化投资者异质信念的指标前，分析师盈余预测分歧成为了较为有效的指标，但是也有学者对分析师盈余预测分歧来替代投资者异质信念提出质疑，质疑分析师盈余预测的准确性，主要表现有：首先，证券分析师的经济动机，分析师通常的预测行为会受到所在机构、预测上市公司的管理层等多方面的影响可能会发布一些误导投资者的非真实业绩预测。Michaely Womack（1999）[28]发现，分析师会对所在公司承销的 IPO 股票作出更乐观的预测推荐情况。Das、Levine 和 Sivaramakrishnan（1998）[29]发现，虽然分析师的乐观预测会导致偏差误导投资者，但是公司管理层却更乐于见到这种现象，因此这也成为分析师创造更多与公司管理层沟通机会的途径。其次，有学者研究发现分析师更倾向于对好公司进行预测，因此即便不存在偏差，但仍可能使分析师的预测通常出现正偏情况。McNichlos 和 O'Brien（1997）[30]发现，分析师往往会选择自己看好的上市公司进行预测，而选择性忽略不看好的公司，因此分析师预测结果通常是乐观的。最后，有研究发现，分析师是非理性的，因此在获得信息时有可能由于其先验信念导致系统性的偏差。Easterwood 和 Nutt（1999）[31]证实分析师对于坏消息反应不足，与好消息的反应是非对称的。Atiase 和 Bamber（1994）[32]认为，用分析师在公告前后发布的预测作为投资者信念指标是有争议的，因为金融分析师通常是信息获取及处理能力均强于大部分个人投资者的一部分特定交易者。他们的交易行为也取决于他们所要达到的利率以及效用方程，这些都有可能造成特定偏差，如分析师的过度乐观等行为偏差。

即便如此，由于分析师预测报告确实能够作为投资者做决策时的重要参考，因此成为衡量投资者异质信念常用的重要指标。大量研究选用分析师盈余预测分歧或是对其的修正指标间接代理投资者分歧来研究投资者异质信念对于交易行为及资产定价的影响（Morse、Stephan 和 Stice，1991[177]，Diether、Malloy 和 Scherbina，2002[178]，Yu 和 Yuan，2011[17]，Ajinkya 和 Atiase 等，1991[179]）。

参照 Garfikel（2009）[180]中对分析师异质信念的测度方法：

$$\sigma_{frcst} = \left\{\left[\sum_{k=1}^{k}\frac{(Frcst_k - \overline{Frcst})^2}{k-1}\right]_{month}^{\frac{1}{2}}\right\}\cdot\frac{1}{|\overline{Frcst}|} \tag{1-1}$$

式（1-1）用分析师盈余预测均值的绝对值对分析师英语预测的标准差进行标准化。其中，k 表示当月共有 k 个分析师对于某公司进行盈余预测，$Frcst_k$ 表示第 k 个分析师对某公司年度 EPS 的预测值，$\overline{Frcst}$ 表示所有分析师预测均值的平均值。

我国股票市场创立初期，投资者投资素质参差不齐，因此用分析师盈余预测作为投资者异质信念的代理变量容易出现问题。但是随着近几年我国金融市场的迅猛发展，投资者经验的不断积累以及专业水平的提高，用分析师盈余预测作为投资者异质信念的代理变量也并无不妥之处。

（2）交易量

交易量是股票市场中一个很重要的指标，它能够衡量一段时间内股票或是其他资产成交的数量，由于交易量本身包含买卖双方信息，因此也被看作是衡量市场分歧程度的一个重要指标。Epps 和 Epps（1976）[181]的理论模型中发现，交易时由于有新的信息进入市场，投资者根据信息进行交易，因此交易得越多，说明投资者对于信息的信念分歧越大，因此认为交易量能够衡量投资者异质信念。Jones、Kaul 和 Lipson（1994）[182]发现，交易量可以衡量市场与股票基本价值间的分歧程度，且无论这种分歧来源于不同的信息还是异质先验信念。Kandel 和 Pearson（1995）[49]发现，与收益相关的新闻并不会产生价格变化，但却产生了巨大的异常交易量，因此认为这是交易量影响投资者分歧的结果。Bamber、Barron 和 Stober（1997）[183]发现，公告前后的交易量与分析师公告前后的预测正相关，且与先验信念的分散度以及分散度的变化均呈正比。Bamber、Barron 和 Stober（1999）[184]分析了投资者对于信息的不同解释与交易量之间的关系，但是并没有控制或是提及交易量与异质先验信念的关系或是与公司效应之间的关系。大量相关文献均说明交易量与投资者异质信念之间存在着联系，投资者异质信念程度越大，成交量越大，因此交易量可以看作是投资者异质信念的一个代理指标。但在研究过程中与分析师盈利预测分歧不同的在于股票交易中许多因素都有可能与交易量存在关系，需要在研究中将它们剔除。本书将以 Garfinkel（2009）[180] 中的两个交易量指标为例进行介绍。

①标准化的异常交易量（Standardized Unexplained Volume，SUV）

类似基于市场模型所构造的异常收益率指标，该指标构造的基础在于控制流动性效应（Liquidity Effect）以及信息效应（Information Effect）对交易量的影响。

$$SUV_{i,t} = \frac{UV_{i,t}}{S_{i,t}} \tag{1-2}$$

$$UV_{i,t} = Volume_{i,t} - E[Volume_{i,t}] \tag{1-3}$$

$$E(Volume_{i,t}) = \hat{\alpha}_i + \hat{\beta}_1 \cdot |R_{i,t}|^+ + \hat{\beta}_2 \cdot |R_{i,t}|^- \tag{1-4}$$

其中，$|R_{i,t}|^+$ 表示收益率为正的情况，$|R_{i,t}|^-$ 表示收益率为负的情况，当 $R_{i,t}>0$ 时，$|R_{i,t}|^+ = R_{i,t}$，$|R_{i,t}|^- = 0$，反之则相反；因此，$\hat{\beta}_1$ 和 $\hat{\beta}_2$ 可以看作是交易量对于股票收益的不对称反应，也可以看作是信息对于交易量的冲击程度。$\hat{\alpha}_i$ 表示股票的流动性需求。$S_{i,t}$ 表示回归的残差的标准差，用于捕捉异质信念。

②换手率变化（change in turnover）

Garfinkel（2009）[180] 在前人文献的基础上将股票的换手率与市场换手率的差值记为 $MATO_{i,t}$（Market - Adjusted Turnover），即经过市场调整后的换手率。由于 $MATO_{i,t}$ 中仍包含流动性交易，因此减去流动性效应的影响后，剩余部分表示为换手率变化值。

$$\Delta TO = \left\{\left[\left(\frac{Vol_{i,t}}{Shs_{i,t}}\right)_{firm} - \left(\frac{Vol_t}{Shs_t}\right)_{mkt}\right]\right\} - \sum_{n}\left[\left(\frac{Vol_{i,t}}{Shs_{i,t}}\right) - \left(\frac{Vol_t}{Shs_t}\right)_{mkt}\right]/n \tag{1-5}$$

其中，$Vol_{i,t}$表示股票 i 在第 t 天的交易量，$Shs_{i,t}$表示股票 i 第 t 天的在外流通股占总股本的比值，两者相除即为股票 i 第 t 天换手率；同理，Vol_t 与 Shs_t 相除为第 t 天的市场换手率；n 表示当月有效交易天数。

由于经市场调整后的交易量及换手率能够剔除流动性效应以及信息效应的影响，因此是一个很好的衡量投资者异质信念的指标，且经过 Garfinkel (2009)[180] 的验证也是表现最好的投资者异质信念代理变量。

（3）买卖价差（Bid – Ask Spread）

买卖价差通常被用来衡量信息不对称成本（Cost of Asymmetric Information）。不同投资者对相同资产有不同的信念也是造成买卖价差的驱动机制之一。Handa、Schwarz 和 Tiwari（2003）[185] 通过建立理论模型，从理论角度验证买卖价差和异质信念之间存在正相关关系，模型主要是建立在投资者异质先验信念的基础上，当有新信息进入市场被投资者接收到后，即便没有做市商指令驱动的情况下，市场中依然会出现买卖价差。

根据 Garfinkel（2009）[180] 中所采用的买卖价差指标，用每一交易日中每次报价的买价与卖价的差值加取平均值来代表这一天的买卖价差，同时通过除以每次报价的中值来消除股价的影响，得到买卖价差百分比。表示形式为：

$$\%Spread = \left\{ \frac{\sum_{i=1}^{N} \frac{(Ask_i - Bid_i)}{(Ask_i + Bid_i)/2}}{N} \right\}_{day} \tag{1-6}$$

其中，$\%Spread$ 表示有效交易日的买卖价差百分比，Ask_i，Bid_i 表示第 i 次报价中的买价和卖价，N 表示当天总报价次数。

买卖订单虽然从理论上讲可行，但仍然存在争议的地方，主要在于买卖订单同时也是流动性常用指标，在实证过程中无法排除流动性因素对结果的影响。因此无法说明投资者的异质信念对资产的影响还是流动性及其他因素对与资产的影响。

（4）股票收益的波动率（Stock Return Volatility）

理论模型中通常会把投资者异质信念与股票收益的波动率联系在一起。Shalen（1993）[81]、Wang（1998）[186] 通过理论模型分析发现投资者异质信念与股票收益的波动率正相关。并发现交易量与投资者异质信念正相关，因此波动率也应该与波动率呈正相关。同时 Shalen（1993）[81] 认为，当风险加权的对冲需求较大的时候，股票收益的波动率可以是投资者异质信念的强有力的代理指标。这也为后续研究中将股票收益的波动率作为投资者异质信念的代理指标奠定了理论基础。Gao、Mao 和 Zhong（2006）[187]通过利用股票收益的波动率构建投资者异质信念指标发现在控制了规模效应等其他因素后，IPO 后短期的超额收益波动率与 IPO 后长期的超额收益率呈显著负相关关系。另外 Frankel 和 Froot（1990）[188]、Daigler 和 Wiley（1999）[189]以及 Chen 和 Cheng（2003）[190]也都从实证角度对这一结论进行验证。

根据 Garfinkel（2009）[180]中所构造的股票收益波动率指标，形式如下：

$$\sigma_{returns} = \left[\sum_{k=1}^{K} \frac{(\mathrm{Ret}_k - \overline{\mathrm{Ret}})^2}{K-1} \right]_{day}^{\frac{1}{2}} \quad (1-7)$$

其中，k 表示交易日当天的共 k 笔交易。

另外，众所周知能够影响波动率的因素有很多，因此单纯用波动率来代表投资者异质信念从实证角度需要考虑众多因素，如市场因素、规模因素等。因此部分学者选择超额收益波动率来替代波动率，如 Boehme、Danielsen 和 Sorescu（2006）[191]中选用剔除了市场因素的超额收益波动率来作为投资者异质信念的代理变量。陈国进，胡超凡和王景（2009）[82]用四因子模型将收益率中的市场因素、规模因素、价值及动量等因素所揭示的收益后，将超额收益的标准差作为超额收益波动率来度量投资者异质信念，具体公式如下：

$$r_{i,j} = R_{i,j} - R_{f,j} - \hat{\beta}_i(R_{m,j} - R_{f,j}) - \hat{s}_i SMB_j - \hat{h}_i HML_j - \hat{\mu}_i UMD_j \quad (1-8)$$

其中，$R_{i,j}$是股票 i 在第 j 日的收益，$R_{f,j}$是第 j 日的无风险收益，$R_{m,j}$是第 j 日的市场收益，SMB_j、HML_j、UMD_j 是第 j 日的规模因子、价值因子以及动量因子，$r_{i,j}$是调整后的超额收益率，区间内超额收益率的标准差即为超额收益波动率。

1.3.2.2 投资者异质信念指标比较分析

除了分析师盈余预测分歧、交易量、买卖价差及波动率外，通过实证研究学术界逐渐发现了其他指标可以衡量投资者异质信念，如 Garfinkel（2009）[180]发现用限价定单和市价定单数量是一个衡量投资者异质信念很好的指标，Hough、Loughran 和 Suchanek 等（2001）[192]通过用退出比（Flipping Ratio）刻画 IPO 过程中投资者的异质信念，发现机构退出比越高的 IPO 其长期收益越低。另外还有一些特殊数据如个人账户数据或是机构推出比等。但是这些数据均收到不能完美的表达投资者异质信念的含义，或多或少会存在以下弊端：如分析师预测分歧，分析师预测分歧能够成为投资者异质信念的代理指标主要基于两个基础假设：一是分析师的预测是无偏的；二是投资者会受到分析师盈余预测的影响。而这两点在现实市场中均存在一定困难，首先分析师较普通投资者更具专业性，且投资分析角度可能存在差异，投资经验不足的投资者未必就会从分析师盈余预测中寻找投资点；此外由于分析师的主观选择性或是所在公司承销的缘故出现股票预测偏乐观的情况发生，导致结果出现偏差，因此以上两个方面均导致用分析师盈余预测可能不能够准确衡量普通投资者的异质信念，由于缺少直接有效的投资者预测指标，且分析师盈余预测会对投资者的决策行为产生影响，因此选用分析师盈余预测来作为投资者异质信念指标也具有理论基础及意义。而交易量、买卖价差及股票收益的波动率的遗憾之处较为相似，主要在于这三个指标作为股票市场常见的指标，受到其他很多因素的影响，因此在实证过程中，如果无法排除这些因素的影响，将无法准确判断实证结果是否受到流动性、市场因素或是规模因素等因素的影响，将被质疑结果的准确性。

基于我国股票市场对于投资者异质信念的衡量，指标的选取方面主要有两点：一是分析师盈余预测分歧，大部分文章均引用分析师盈余预测分歧作为衡量投资者异质信念的指标，如俞红海、李心丹和耿子扬（2015）[193]、史永东和李凤羽（2012）[194]等文章；二是一些文章使用交易量或是换手率等指标衡量投资者异质信念，如林虎和刘冲（2011）[35]、李科、陆蓉和夏翊（2015）[195]等。本书第 5 章及第 6 章的实证检验中将选用分析师盈余预测分歧作为投资者分歧的代理指标，主要数据来源于国泰安数据库、CNRDS 数据库以及锐思数据库。

1.3.3 我国股票市场投资者组成结构

投资者的异质信念是行为金融学中针对投资者群体行为分析中的一个研

究内容。因此我国股票市场投资者组成结构是本书一个重要的前提条件。本小节将对我国股票市场投资者组成结构详细分析，以此说明我国投资者异质信念的存在性。

我国股票市场中的投资者一般可以分为个人投资者和机构投资者，而众所周知我国股票市场长期以来便是以个人投资者为主的结构，根据最新的数据①，如图1－1所示，从账户构成来看，目前我国个人账户数量占总账户数量比高达99.72%，机构投资者账户占比为0.28%，个人投资者在股票市场中占有绝对优势。

图1－1　中国股票市场账户数据结构

从投资者持有的上市A股的流通市值来看，如表1－1所示，截至2016年2月末，已上市A股流通市值在10万元以下的个人投资者占总个人投资者投资市值的76.73%，远超其他规模个人投资者比例，因此可见我国股票市场个人投资者以小规模散户为主。而美联储2015年末统计结果显示，美国的个人及非盈利性组织占比仅有37.3%，其他均由各类基金（养老基金、共同基金、ETF基金等）、证券公司、国外投资者等专业投资者组成，其持股结构与我国持股结构差别明显。而这种差别也导致了我国股票市场有别于其他成熟市场

① 资料来源：《中国证券登记结算统计年鉴2016》，中国证券登记结算有限公司。

的几个特点：首先是上市公司分红少，原因在于个体投资者市场议价能力较机构投资者差，大多数散户投资者由于专业知识不足以及情感因素影响较大，因此他们的心理是希望通过买卖赚取价差获利，因此对上市公司的分红要求不如机构投资者理性，导致了上市公司分红少且比例低。其次，由于散户投资是更看重行业领域而轻个股，通常散户尤其是小散户投资带有明显“自上而下”特点，即通过宏观或政策性信息在获知某行业领域发展前景乐观后，再从这一行业或领域中选取股票投资。这种选股方式容易忽略公司本身发展情况。再有就是个人投资过度自信以及过度悲观心理容易使股票市场呈现出暴涨暴跌现象。

表 1－1　　各类投资者持股市值　　单位：元，户，%

期末已上市 A 股流通市值	个体投资者		机构投资者	
	投资者数	比重	投资者数	比重
1 万元以下	14028728	27.83	4736	7.29
1 万～10 万	24649172	48.90	8703	13.04
10 万～50 万	9296047	18.44	11406	17.56
50 万～100 万	1402022	2.78	5867	9.03
100 万～500 万	916857	1.82	12226	18.82
500 万～1000 万	70045	0.14	4375	6.73
1000 万～1 亿	38606	0.08	9937	15.30
1 亿元以上	3508	0.01	7713	11.87
合计	50404985	100.00	64693	100.00

资料来源：《中国证券投资者结构分析报告》，2016.2，申万宏源证券。

根据以上数据可以说明我国投资者主要由个人投资者构成，且个人投资者中以投资量小的散户为主。根据以往的研究表明，个体投资者由于情绪、性格等心理因素以及周围环境因素的影响会使他们作出一些在传统金融理论看来是“非理性”的行为，如个体投资者会因为过度自信而导致过多交易，使他们容易遭受损失（Odean，1998，1999）[196,197]。国内的一些研究同样表明个体投资者的投资决策会受到各种外界因素的影响，如政策因素，政策的改变或是不稳定对于我国股票市场以及投资者的投资行为均会带来很大影响

(金晓斌和唐利民(2001)[198],施东晖(2001)[199],韩佳彤、熊熊和张维(2019)[200]等)。李心丹、王冀宁和傅浩(2002)[201]根据某证券营业部7894位个体投资者账户数据分析发现,我国个体投资者存在政策依赖性、过度自信以及过度恐惧的心理偏差,使得这些投资者长期处于高度紧张,频繁换手的状态中,对市场交易造成一定危害,也损害了投资者的财富。史永东、李竹薇和陈炜(2009)[79]利用深圳证券交易所账户数据与交易信息发现,投资规模小的个人组的交易行为左右了个人总体的行为,且趋于非理性,是风险偏好型投资者,具有损失厌恶心理。基于以上文献的结论可以看出,我国个体投资者数量庞大,投资者心理复杂,这也为本书研究投资者异质信念提供了前提,此外由于散户投资者喜好追求小道消息,希望抓住黑马的心理也是为本书第4章中以股吧帖子数据为样本来研究投资者异质信念提供了基础以及合理性,更有利于研究中国股票市场的结构特征。

1.4 文献综述

本书的研究内容大致可以分为三个部分:一是投资者异质信念与金融市场表现研究;二是投资者异质信念与资产定价偏差研究;三是大数据背景下投资者异质后验信念与资产价格研究。因此,文献综述也从这三个部分展开。

1.4.1 投资者异质信念与金融市场表现研究

1.4.1.1 投资者异质信念与金融异象理论模型研究

传统金融学的理论核心是有效市场假说和期望效用最大化,其理论基础即将投资者作为理性人看待,认为投资者在进行经济活动时均从理性认知角度出发追求利益最大化以及成本最小化,且投资者均具有一致的风险厌恶程度。Shleifer(2000)[162]在有效市场存在的弱化条件中指出,有效市场理论中即使存在非理性的投资者,这些投资者的交易行为也具有随机性,而不能获得长期有效的超额收益,且不能维持资产价格有巨大偏差,因为理性投资者会通过理性的、完全的、有效的套利策略使资产价格回归理性预期。这就要求在传统金融框架下的投资者需要具备完全理性、无限意志和无限自私（Mullainathan 和 Thalar，2000[163]）。随后在资产组合理论和资本市场理论基础上发展起来的资本资产定价模型（Capital Asset Pricing Model，CAPM）认为，所有投资者都是按照“资产组合理论”进行投资，并假定所有投资者具有“同质期望”的前提条件，认为所有投资者对资产收益的均值、方差以及协方差具有相同的估计期望，也就是说投资者对于资产的收益和风险具有相同的预期。但是这种投资者均为理性同质的情况在现实金融市场中显然是不存在的，此后 Herbert Simon 于 1976 年提出了针对投资者行为的“有限理性”假定，并逐渐形成了行为金融学学科。“有限理性”是与传统资产定价理论中的“完全理性”相对应的一个观点，行为金融学认为投资者会为了追求满意的结果而进行的抓住本质，简化决策变量的理性行为。因此“有限理性”投资者会表现为同时具有收益风险、厌恶以及损失风险偏好，容易受噪声的影响，对未来的预期能力存在过度自信、心理账户、典型示范、启发性思考、框架依赖等心理偏差，决策方式存在过度反应、反应不足、处置效应等行为偏差，并进行噪声交易（左坤和方荣楷，2007）[11]。

然而，无论是“完全理性”还是“有限理性”，对投资者的限定都是严格的，这种条件在现实中是很难存在的，每一位投资者在做出任意一个经济决策前都受到各种因素的影响，包括投资者自身的异质性以及投资者外在环境经历的异质性，这种投资者的异质性使投资活动变得更为复杂，也更符合真实市场活动。因此，开始有学者对此提出了质疑，并在随后的几十年里许多学者投身于对投资者的信念异质性与金融市场关系的研究中，针对市场中的异象从不同角度进行解释，填补了传统金融理论无法解释的空白。

投资者异质信念相关文献中最早的 Miller（1977）[13]对投资者的异质信念是如何影响资产价格进行了研究，通过建立定性模型，在投资者异质信念和卖空限制的基础上，发现投资者的信念差异会导致股票均衡价格的改变，投资者异质信念的程度与股票当期价格呈正相关，与未来收益呈负相关。同时 Miller（1977）[13]还发现投资者异质信念对于 IPO 长期收益弱势、异常波动、封闭式基金折价等金融异象进行了解释。对于 IPO 长期收益弱势他认为主要在于刚上市的股票由于信息较少导致投资者对该股票情况掌握不足，因此容易在投资者中产生异质信念。且新发股票上市初期的锁定期禁止卖空，也会导致 IPO 股价高估，使其在之后一段时间的收益弱势表现。在投资者异质信念对于封闭式基金折价异象的解释中他认为购买基金的投资者通常表现出一定程度的同质性，减弱基金组合中不同股票的特质性，因此基金相对于单独股票来讲会表现出折价异象。

Miller（1977）[13]的模型为后人在投资者异质信念领域提供了理论基础，后来许多学者在此基础上通过对模型的改进对投资者异质信念做进一步研究。Harrison 和 Kreps（1978）[14]在 Miller（1977）[13]的基础上发现在卖空限制的情况下，投资者的异质信念会滋生投机交易，从而导致市场泡沫的产生。主要是由于投资者将持有的风险资产以较高价格卖给对该股票未来持更乐观态度的投资者，因此，投资者之间的异质信念会使他们之间产生动力进行交易，从而使其价格逐渐偏离内在价值。Jarrow（1980）[15]利用简单一期均值方差模型研究卖空限制对于资产均衡价格的影响，发现卖空限制对股价的影响受投资者对未来资产价格的协方差的异质信念影响。Varian（1985）[16]将投资者的异质信念看作是一种风险因素，利用 Arrow－Debreu 模型发现投资者异质信念程度的增加意味着股票风险的提高，因此投资者会要求更高的回报率，由此导致投资者的异质信念与当期股票价格呈负相关，与未来收益呈正相关，与 Miller（1977）[13]观点对立。同时，一些学者也认为 Miller（1977）[13]以及后来的一些相关文章都是静态模型，即只考虑了投资者在 0 期买入资产并持有，而投资者之间不存在交易活动，且模型中的异质信念程度属于外生给定，没有考虑投资者异质信念对时间的变化，而渐进的信息流是导致投资者异质信念的原因之一（Hong 和 Stein，2007[12]），因此，静态的异质信念模型仍无法很好地解释投资者的异质信念对资产定价的影响，从而开始有学者对异质信念的动态模型展开研究。

动态模型在静态模型的基础上考虑的投资者异质信念程度的变化，符合投资者异质信念本身特征。王景（2008）[18]总结动态模型的优点有三点：首先，动态的投资者异质信念能够合理解释收益异象的产生；其次，动态的投资者异质信念能够合理解释交易异象；最后，动态的投资者异质信念是的股票价格的运行模式演变成为股票市场上的泡沫和暴跌等现象，同时股票收益分布呈负偏特征。如 Harris 和 Raviv（1993）[19]也从投资者的先验信念的异质性角度解释了交易量与价格之间的关系。认为投资者对于公开信息每一期的理解不同，通过假定乐观投资者与悲观投资者均为风险中性，但其乐观与悲观的程度存在差异。结果发现，股票始终由乐观投资者持有。而当两组投资者的乐观、悲观的程度发生变化时，交易产生，并且与价格和交易量的绝对变化呈正相关。

Morris（1996）[20]在 Harrison 和 Kreps（1978）[14]模型基础上考察投资者异质信念水平的动态变化对股票价格的影响。Harrison 和 Kreps（1978）[14]的模型中设定了投资者存在异质信念的情况，但市场中的投资者并不会学习，因此没有更新信念的过程。Morris（1996）[20]认为，投资者虽然对资产价值存在异质的先验信念，但由于不断的学习更新信念，最终期信念预期会回归到资产价值的真实分布。在学习的过程中，价格会表现为乐观投资者的预期价格，但如果市场中不存在绝对乐观交易者，则会形成持有者的不断转换（EternalS-witching）。Scheinkman 和 Xiong（2003）[21]同样从动态角度在 Harrison 和 Kreps（1978）[14]模型基础上进行调整，引入了投资者过度自信的心理，认为过度自信容易阻碍投资者对于新信息的接受，有碍他们的信念更新。发现在其他影响条件不变的情况下，单纯改变投资者异质信念程度会在短期对股票价格以及收益率产生影响。同时，依据该模型也可以研究由于投资者异质信念导致市场暴涨暴跌现象。

1.4.1.2 投资者异质信念与金融异象实证研究

投资者异质信念在实证检验中如何度量一直是一个难点，目前广泛为学术界所认可的投资者异质信念程度指标包括分析师盈余预测分歧、交易量、异常交易量、换手率、买卖价差等，但现阶段而言无论哪种指标都有其意义但同时也存在着一定弊端。证券分析师作为近代资本市场中很重要的一环，起到了链接资本市场与投资者之间纽带的作用，他们凭借自己的专业知识将资本市场中的各类信息进行整理分析。分析师盈余预测分歧是目前较为常用的衡量投资者异质信念的替代指标，无论是基于国外股票市场或是基于中国股票市场，均有学者以此作为投资者异质信念指标进行研究，并解释相关金融市场异象等其他现象。我国股票市场创立初期，投资者投资素质参差不齐，因此用分析师盈余预测作为投资者异质信念的代理变量容易出现问题。但是近些年随着我国金融市场的不断发展，股票市场制度逐渐完善并朝着规范化的方向前进，我国股票分析师经验不断累积，专业水平逐步提高，针对于上市公司的盈余预测数据也越来越多，尤其是从 2007 年开始，无论从数量还是质量都较以往有了很大进步，到本书样本期起始年份 2011 年时，我国股票市场已经有了一定规模的分析师盈余预测数据。

邓路和廖明情，2013[156]、王静（2015）[157]等，Yu（2011）[22]以及 Peng、Yan 等（2016）发现，通过将个股的分析师盈余预测分散程度以“自底而上”（bottom - up）的视角构建投资组合的异质信念程度会对资产定价产生一定影响。如 Beaver（1968）[23]、Ziebart（1990）[24]，Bamber、Cheon（1995）[25]，Barron（1995）[26]等文章通过引用分析师盈余预测指标代替投资者异质信念，并发现投资者异质信念与公司公告之间的关系，Ajinkya、Atiase 和 Gift（1991）[27]研究交易量与异质信念过程中用分析师年度 EPS 预测值的修正值作为投资者异质信念的替代变量，发现分析师盈余预测值与交易量呈显著正相关。在缺乏有效能够直接量化投资者异质信念的指标前，分析师盈余预测分歧成为了较为有效的指标，但是也有学者对分析师盈余预测分歧来替代投资者异质信念提出质疑，质疑分析师盈余预测的准确性。Michaely Womack（1999）[28]发现分析师会对所在公司承销的 IPO 股票作出更乐观的预测推荐情况。Das、Levine 和 Sivaramakrishnan（1998）[29]发现虽然分析师的乐观预测会导致偏差误导投资者，但是公司管理层却更乐于见到这种现象，因此这也成为分析师创造更多与公司管理层沟通机会的途径。有学者研究发现分析师更倾向于对好公司进行预测，因此即便不存在偏差，但仍可能使分析师的预测出现正偏情况。McNichlos 和 O'Brien（1997）[30]发现分析师往往会选择自己看好的上市公司进行预测，而选择性忽略不看好的公司，因此分析师预测结果通常是乐观的。有研究发现，分析师是非理性的，因此在获得信息时有可能由于其先验信念导致系统性的偏差。Easterwood 和 Nutt (1999)[31]证实分析师对于坏消息反应不足，与好消息的反应是非对称的。Atiase 和 Bamber (1994)[32]认为，用分析师在公告前后发布的预测作为投资者信念指标是有争议的，因为金融分析师通常是信息获取及处理能力均强于大部分个人投资者的一部分特定交易者。他们的交易行为也决定于他们所要达到的利率以及效用方程，这些都有可能造成特定偏差，如分析师的过度乐观等行为偏差。即便如此，由于分析师预测报告确实能够作为投资者做投资者决策时的重要参考，因此成为衡量投资者异质信念常用的重要指标。大量研究选用分析师盈余预测分歧或是对其的修正指标间接代理投资者分歧来研究投资者异质信念对于交易行为及资产定价的影响（Morse、Stephan 和 Stice，1991[177]，Diether、Malloy 和 Scherbina，2002[178]，Yu 和 Yuan，2011[17]，Ajinkya 和 Atiase 等，1991[179]）。

李林波等（2024）基于异质信念指标的构建思路构建了一个非理性信念指标，实证探究了该指标对股票异象的影响，发现非理性信念对未来收益以及市场异象收益均具备一定的解释与预测能力，说明非理性信念可能是导致股票异象形成的主要因子。Carlin、Longstaff、Matoba（2014）[34]通过华尔街抵押贷款经销商（MortgageDealer）对预付款速度的异质信念来研究其与抵押支持市场中的证券的预期收益、收益波动率的关系，研究发现异质信念程度较高的股票其预期收益更高，收益波动率更高，并且交易量较大。Miller (1977)[13]认为，换手率能够表征投资者异质信念，发现之前研究中有证据表明换手率与系统性风险 Beta 系数存在正相关关系，因而推测投资者异质信念应该与股票 Beta 值正相关。林虎和刘冲（2011）[35]认为，交易量的增加代表市场分歧程度以及关注度水平增加，实证结果发现股票月度收益率与滞后一个月的月度异常交易量呈显著负相关关系，在卖空限制的条件下会使股票价值高估，未来收益率下降。

1.4.1.3 投资者异质信念与风险资产价格及其变化的关系的研究

很多学者在投资者异质信念与风险资产价格及其变化的关系方面进行探索，从研究角度出发主要可以将国内外相关文献分为两类。

（1）投资者异质信念与股票收益指标的关系的研究

大量文章的研究点集中在投资者异质信念与股票收益变动的关系，其中一些研究发现投资者异质信念与股票收益呈正相关关系，如 Varian（1985）[16]利用均衡资产定价模型发现股票价格随着投资者之间异质信念程度的增加而减少。此外还有 Abel（1989）[36]，Anderson、Ghysels 和 Juergens（2005）[37]，David（2008）[38]，Banerjee 和 Kremer（2010）[39]等文章研究得到相同结论。基于我国股票市场的研究中，史金艳、赵江山和张茂军（2009）[40]通过构建投资者异质信念的均衡资产定价模型，验证了投资者的异质信念对于股票价格的影响，发现投资者异质信念程度与均衡价格呈正相关关系，认为提高信息披露质量，完善信息披露机制能减少由于投资者异质信念所带来的股价高估的问题。

另外还有一部分文章发现投资者异质信念与股票收益呈负相关关系，如 Chen、Hong 和 Stein（2002）[41]以及 Johnson（2004）[42]均发现对于某类投资者来讲，在卖空限制的条件下投资者的异质信念与股票收益呈负相关关系。Buraschi、Trojani 和 Vedolin（2013）[43]通过建立一个信用风险模型发现对于低杠杆公司，投资者异质信念越高，公司的平均收益越低，反之亦成立。张维和张永杰（2006）[44]认为投资者异质信念就是不同投资者对相同股票在相同持有期下的期望收益率或收益率分布（方差）的估计不同。通过一个基于异质信念的风险资产价格均衡模型从理论上证明了对于股票价格起到影响的不仅包括公司本身背景因素，同时还包括了投资者异质信念的影响，当投资者异质信念程度增加时，股票价格上升，收益率下降；当投资者异质信念程度下降时，股票价格下降，收益率水平增加。

同时还有一些文章认为，投资者异质信念与股票收益之间的关系是复杂的，如 Atmaz，Basak（2017）[45]通过建立投资者异质信念的动态模型分析投资者异质信念与平均收益、收益波动性和交易量之间的关系。通过模型推导发现在公布一条与现金流相关的信息后，股票价格与投资者异质信念呈凸函数关系。当市场对于某只股票持积极情绪时，投资者异质信念的增加，平均收益降低；当市场对于某只股票持消极情绪时，投资者异质信念的降低，平均收益增加。投资者异质信念的存在会导致股票更高的收益波动性和交易量。

（2）投资者异质信念与股票交易量即收益波动率的关系的研究

交易量是股票市场中一个很重要的指标，它能够衡量一段时间内股票或是其他资产成交的数量，由于交易量本身包含买卖双方信息，因此也被看作是衡量市场分歧程度的一个重要指标。Epps 和 Epps（1976）[181]的理论模型中发现交易时由于有新的信息进入市场，投资者根据信息进行交易，因此交易的越多，说明投资者对于信息的信念分歧越大，因此认为交易量能够衡量投资者异质信念。Jones、Kaul 和 Lipson（1994）[182]发现，交易量可以衡量市场与股票基本价值间的分歧程度，且无论这种分歧来源于不同的信息还是异质先验信念。Kandel 和 Pearson（1995）[49]发现与收益相关的新闻并不会产生价格变化，但却产生了巨大的异常交易量，因此认为这是交易量影响投资者分歧的结果。Bamber、Barron 和 Stober（1997）[183]发现公告前后的交易量与分析师公告前后的预测呈正相关，且与先验信念的分散度以及分散度的变化均呈正比。Bamber、Barron 和 Stober（1999）[184]分析了投资者对于信息的不同解释与交易量之间的关系，但是并没有控制或是提及交易量与异质先验信念的关系或是与公司效应之间的关系。相关文献在研究投资者异质信念与股票收益波动率的关系时大多发现两者存在正相关关系，如 Banerjee 和 Kremer（2010）[39]，通过投建一个动态模型来分析投资者解释公开信息时所产生的投资者异质信念，模型发现当投资者中产生少见且重大的异质信念时，异质信念程度与交易量呈正相关，且交易量与收益波动率呈正相关关系。此外，还有如 Scheinkman 和 Xiong（2003）[21]，Buraschi 和 Jiltsov（2006）[46]，David（2008）[38]，Dumas、Kurshev 和 Uppal（2009）[47]，Andrei、Carlin 和 Hasler（2015）[48]等模型中均得出类似结论。在实证研究中过通过这一类理论模型研究异质信念导致的股票市场暴涨暴跌或是金融泡沫等风险事件。

研究投资者异质信念与股票交易量的关系的相关文献中除了前文中提到的 Harris 和 Raviv（1993）[19]，Kandel 和 Pearson（1995）[49]，此外还有一些文章发现投资者异质信念与股票交易量之间存在正相关关系，如 Varian（1989）[26]，

Cao 和 Ou – Yang（2008）[50]，Banerjee 和 Kremer（2010）[39]等文章。

国内此类理论模型的文章包括如刘晋华、姚益龙（2011）[51]在 Brock 和 Hommes（1997，1998）[52,53]模型的基础上构造了一个具有内生性放大机制的异质信念模型，发现投资者异质信念间的竞争演化决定了资产价格的动态波动，并导致了市场出现混沌动态。黄士国、袁可红、周丙常（2013）[54]认为，市场中存在多类异质性，因此在以往只讨论一类异质性模型的基础上加入其他可能异质性，将信息异质和先验信念异质均加入到研究模型中，利用贝叶斯法则推到均衡资产价格模型，发现两类异质性均对资产价格产生影响，异质信息投资者比例的增加或是先验信念异质程度的增加会加快资产价格的涨跌速度，因此容易导致暴涨暴跌。林虎和刘冲（2011）[35]认为，交易量的增加代表市场分歧程度以及关注度水平增加，实证结果发现股票月度收益率与滞后一个月的月度异常交易量呈显著负相关关系，在卖空限制的条件下会使股票价值高估，未来收益率下降。大量相关文献均说明交易量与投资者异质信念之间存在着联系，投资者异质信念程度越大，成交量越大，因此交易量可以看作是投资者异质信念的一个代理指标。但在研究过程中与分析师盈利预测分歧不同在于股票交易中许多因素都有可能与交易量存在关系，需要在研究中将他们剔除。

（3）投资者异质信念影响股票其他交易活动的研究

Barron（1995）[26]通过 172 家上市公司的分析师动态的盈余预测分歧程度为样本分析投资者异质信念程度及其变化对于股票交易活动的影响，发现投资者异质信念程度增加会增大股票交易量，两者呈正相关关系。

Huang、Heian 和 Zhang（2011）[55]发现投资者的异质信念和过度自信心理均会增加股票交易量，但有趣的是，两者股票收益的关系却并不一致，由投资者异质信念造成的交易量增加会带来股票收益增加，而由过度自信造成的交易量增加则会使股票收益表现较差。并通过将亚洲市场与美国市场做比较后认为亚洲投资者过度自信心理更为严重。徐枫、胡鞍钢（2009）[56]在我国股票市场本身限制卖空的背景下，检验异质信念与我国股市个股暴跌之间的关系，发现投资者异质信念与市场（个股）发生暴跌的可能呈正相关，由此提出融资融券以及股指期货等可以双向交易的手段对于我国股票市场的必要性。

1.4.1.4　文献评述

综合来看，现有文献一部分立足于通过建立静态模型、动态模型来研究投资者异质信念与金融异象的关系，另一部分文献对投资者异质信念程度对于股票交易活动如交易量、收益波动性的影响做了相关实证研究。实证研究中通过利用各种常规（分析师盈余预测分歧度、成交量、换手率等）或非常规数据（账户数据、特定交易者异质信念度等）来衡量投资者异质信念程度。现有文献不难看出，当从不同角度对投资者异质信念与金融异象关系进行研究时，所得到的结论也是不同的，因此这些文献在丰富了这一领域的研究内容同时由于结论所存在的差异也使得后续研究更具挑战性。

1.4.2　投资者异质先验信念与资产定价偏差的研究

1.4.2.1　投资者异质先验信念的形成

经典资产定价模型主要基于假设投资者是同质且理性的，这就意味着他们会随时更新他们的信念并且准确的表达（Barberis 和 Thaler，2003[87]）。但是由于一些金融异象的发现，学术界逐渐认清投资者并不是完全理性的，投资者之间的异质信念导致这些异象在传统框架下无法很好地被解释，随后发展起来的行为金融及投资者异质性思想逐渐为学术界所认可并得到发展，逐渐有学者对投资者的信念异质性进行研究。在研究中，人们不断发现投资者的信念会受到很多因素的影响，如先验的异质性、信息不对称或是认知偏差等。先验信念指的是某一信息到达前，人们的主观概率分布。先验信念的异质性指个体由于自身素质或过往经历使其对某资产产生固有判断的差异。由于不同投资者自身素质（性别、年龄、学历、收入、家庭等）或是个体经历及经验（投资时间长短、投资方式、投资收益情况等）的不同，即使两个投资者同时接收到关于某资产的相同信息，并投入全部的注意力于该信息上，不同投资者对于这条信息的解读与判断也大不相同，最终导致他们对于该资产价值的估计判断产生分歧。简单来讲，在现实市场中有两个投资者同时接收到内容相同的关于某资产的信息，假设两位投资者均投入全部的注意力在这条信息上，但由于他们自身素质（性别、年龄、学历、收入、家庭等）或是个体经历及经验（投资时间长短、投资方式、投资收益情况等）的不同，使两位投资者在处理信息时对信息进行心理加工，他们对于这条信息的解读与判断也不尽相同，导致他们对于该资产价值的估计判断产生分歧。随着行为金融学的崛起，投资者信念的异质性也逐渐为广大学者所接受，同时也引发了人们的好奇，投资者信念的异质性是怎样产生的？什么导致了投资者产生了异质信念？因此，有学者从心理因素及外在因素等多方面对投资者异质信念的成因机制做了大量研究（Huberman 和 Regev，2001[168]，Menzly 和 Ozbas，2006[169]，Hong Torous 和 Valkanov，2007[170]），Barberis 和 Thaler（2003）[87]将异质信念按照时间分为先验异质信念、后验异质信念以及信念更新过程中的异质性。Hong Torous 和 Valkanov（2007）[170]在文中对投资者的异质信念形成机制做了详细的分析，将投资者异质信念形成机制分为渐进的信息流动、投资者有限注意、先验的异质性三个方面。以下将根据三个方面的产生机制做详细分析。

（1）渐进的信息流动（Gradual Information Flow）

渐进的信息流在资本市场中是一个十分重要的因素。原因在于与股票价值相关的信息并不是直接向所有投资者公开，而是逐步扩散至整个市场，而不同投资者由于其信息渠道的不同导致获取信息的时间各不相同。无论是从信息分布角度还是投资者细分或是投资者专业化角度看，市场中与股票价值相关的信息在公开前均会被一小部分投资者所掌握。因此如果消息对股票价值起到的是积极正向效果，那些首先掌握信息的投资者会上调对该股票的估值，其余非知情交易者则仍保持原有估值不变，由此增加投资者对这只股票的异质信念，随后知情交易者将会选择从非知情交易者手中买入股票。

Huberman 和 Regev（2001）[168]通过对一家生物科技公司 EntreMed 的交易行为进行研究后发现，1998 年 5 月 3 日，星期日纽约时报刊登了一个头版新闻介绍癌症研究方面的最新创新，其中着重介绍了这家生物科技公司的技术成果，第二日 EntreMed 的股票大幅上涨，最后收盘于每股 52 美元，远远超过上周五每股 12 美元的股价。另外，Bernile、Hu 和 Tang（2016）[172]对美国含有敏感经济数据的宏观新闻发布会前的封锁期进行研究，发现在封锁期间股票市场存在订单流不平衡现象，存在知情交易，且知情交易者在这期间通过知情交易获得巨额收益，也就是说封锁并不能真正封锁消息，反而成为信息泄露的一个源头，扩大了投资者异质信念程度，使小部分投资者提前获取消息进行交易。Hou（2007）[173]发现了股票市场中信息流渐进传播的证据，首先，在同行业公司中，大市值公司的信息传播速度快于小公司，行业领军公司的信息传播速度高于其余跟随公司，低特质波动率公司的信息传播速度高于高特质波动率公司；其次，小市值成长型公司，竞争程度低的新兴行业和不太受关注的行业的信息传播速度较慢。

（2）投资者的有限注意（Limited Attention）

有限注意作为一个心理学名词，指在刻画个体在认知过程中存在的缺陷。Kahneman（1973）[174]认为，个体在处理信息或执行多任务时的能力是有限的，因此注意力变成认知过程中的一种稀缺资源，当个体在面临多任务或是多信息的环境中时无法做到平均分配有限的注意力，而是会根据个体自身认知和偏好从众多任务和信息中选取主要关注对象，从而势必造成对某一事件投入的关注度高于其他事件。在行为金融中，一些金融异象就可以解释是有与投资者的有限注意所引发的，如过度自信、反应过度、证实偏差等一些经典的行为偏差，都是由于认知超负荷的投资者只关注一小部分公开的信息所造成的。

因此，有限注意与渐进的信息流之间存在着本质的差异，渐进的信息流倾向于信息传播需要过程使得投资者之间由于信息量的差异造成投资者异质信念，而有限注意指充斥着大量信息的市场中，不同的投资者由于关注度不同导致接受信息的差异，造成对股票价值的估计不同，从而造成投资者之间的异质信念。因此，一条消息刊登在关注度较高的平台和关注度较低的平台是有显著差异的，如上小节中 EntreMed 公司的例子，研究者发现，其实相同内容的信息在 5 个月前就已刊登在了一个著名的科学杂志上，但是当时所引起的股价上涨远不如5个月后《纽约时报》报道所造成的影响大，主要原因也是在于关注科学杂志的人与看《纽约时报》的人群从人数或是类别上都是有差异的，因此对股价的影响程度不同。

学术界对于“有限注意”做了大量研究，其中Peng和Xiong（2006）[175]发现有限注意力会使投资者偏向选择简单交易策略，使投资者的关注度更多的偏向于宏观层面或是行业层面，而很少对从公司层面进行评价，影响其投资决策。DellaVigna和Pollet（2009）[176]认为，星期五是投资者对股票收益关注较低的时间，因此将星期五发盈余公告的事件与其他交易日发布盈余公告的事件对比，发现盈余公告在周五发布与其他时间发布盈余公告比及时响应度下降15%，延时响应度提高了70%，投资于星期五的投资组合获得了巨大的异常回报，文章发现的一些证据支持了由于有限注意力所导致的对信息反应不足，解释了盈余公告后价格漂移现象。

（3）先验信念的异质性（Heterogeneous Prior Beliefs）

Aumann（1976）最早提出异质先验信念，反对先验信念的一致性。他指出，如果后验信念差异都是信息不对称造成，那么在对称信息条件下，为什么人们对他人持有不同意见并不感到意外？Harrison和Kreps（1978）[14]认为，异质期望就是投资者所具有的先验信念，通常在理论模型中，先验信念都是以投资者对于某一资产特定时间段收益率的不同概率函数的形式体现的。Harrison和Kreps（1978）[16]认为，异质期望就是投资者所具有的先验信念，通常在理论模型中，先验信念都是以投资者对于某一资产特定时间段的收益率的不同概率函数的形式体现的。

在实证中，Goetzmann和Massa（2005）[60]根据1991—1995年10万个投资者的交易账户数据，将这些样本根据收入、年龄、职业进行分组，发现不同组之间的交易量存在差异，用交易量差额的绝对值来衡量投资者异质期望后发现，这些投资者的异质期望和股票未来的收益之间存在显著的负相关关系，并以此支持了Miller（1977）[25]的观点。其样本中的投资者收入、年龄、职业均是一个投资者自有的素质条件，因此也都是对其先验信念有影响的因素。同时在实际投资交易中，投资者使用不同的估值模型也会造成投资者之间的异质信念，Kandel 和 Pearson（1995）[49]对投资者进行交易决策的理论模型研究，发现如果投资者使用不同的经济模型，也会使他们对同一条新闻有不同理解判断。投资者的异质先验信念是驱动交易的动力之一。

Miller（1977）[13]认为，投资者由于异质的先验信念使市场上同时存在乐观与悲观两类投资者，而在卖空限制的假设下，悲观投资者无法进入市场，因此股票价格主要反映了乐观投资者的信念，造成了股票价格先对于真实价值的偏离。Harris 和 Raviv（1993）[19]也从先验信念角度解释了交易量的产生及其与股票价格之间的关系。他们假设两组投资者风险中性，且对于信息的好坏判断一致，但在程度上存在分歧，其导致的结果就是股票始终被乐观投资者所持有。在两组投资者的信念更新的过程中，他们的乐观程度也发生变化。此外，Banerjee（2011）[39]及刘晋华等（2011）[51]研究发现，异质信念存在的主要原因是不同投资者间的专业知识差异，进一步验证了存在不同先验概率下的异质信念。Hong 和 Stein（2007）[17]研究表明即使投资者手中有所有的公共信息，并且能够投入全部注意力在这些公共信息上，他们对于股票的基本价值的判断仍然是不尽相同的，因为每个人的先验信念是不同的。Alonso 和 Camaxa（2016）[57]验证了先验信念的异质性存在，认为当今市场中即使是理性投资者也拥有不同的后验信念。Sethi 和 Vaughan（2016）[58]在研究做市商主动行为时，也采用先验异质性处理投资者信念的反应。

1.4.2.2 投资者异质先验信念对资产定价影响研究

Kurz（1994）从异质先验信念出发，提出了“理性信念均衡”。理性信念均衡指出每一位投资者可以形成各自先验信念。根据投资者对其他投资者预期的判断存在不确定性假设，Allen 等（2006）[59]通过分析凯恩斯“选美竞赛”的观点之后发现，资产价格不仅取决于投资者对资产未来现金流的平均预期，同时也取决于投资者如何预期其他投资者预期，后者不等价于前者，并且对其他投资者的预期经常表现为短期性和不确定性等特征。Goetzmann 和 Massa（2005）[60]根据 1991—1995 年 10 万个投资者的交易账户数据，将这些样本根据收入、年龄、职业进行分组，发现不同组之间的交易量存在差异，用交易量差额的绝对值来衡量投资者异质期望后发现，这些投资者的异质期望和股票未来的收益间存在显著的负相关关系。其样本中的投资者收入、年龄、职业均是一个投资者自有的素质条件，因此也都是对其先验信念有影响的因素。

1.4.2.3 文献评述

目前，学者对投资者异质信念与资产定价的研究都进行了尝试性探索，前人在研究投资者对于资产定价的异质信念时通常从乐观与悲观两类投资者的情绪均值角度来估计投资者信念异质程度。本研究通过建立理论模型发现乐观投资者及悲观投资者的情绪分布也是影响资产价格的重要因素。在投资者理性的前提下，先验信念是结构相同的主观概率分布，结构是投资者的共识，但同构主观概率分布可以存在不同具体参数，投资者对其他投资者先验信念的判断具有不确定性，因此先验信念之间具有不一致性。对于投资者先验信念与资产定价偏差内在作用机理的研究是探索“非同质”投资者对金融市场影响的基础。同时，随着互联网“大数据”的发展，网络中海量的开源信息也为投资者情绪的表达提供了新的途径并记录下多元化来源的数据，为投资者异质信念的研究提供了更多的可能性。未来研究还将考虑投资者异质先验信念与投资者情绪的形成过程，不同市场状态下投资者异质先验信念对资产定价差异化影响等。

1.4.3 “大数据”背景下投资者异质后验信念及对资产价格影响研究

过度自信程度不同的投资者因外部信息确认精度差异引起意见分歧，产生异质后验信念，导致投资者对资产价格高估或者低估。因此，外部信息在投资者后验信念的形成中起到了重要作用，同时，不同信息也会对投资者基于信念作出的投资决策产生不同影响，而这些信息的影响最终都会体现在资产价格中。从投资者意见形成机制上来看，能够影响到投资者后验信念的因素有很多，投资者为了获取到更多信息，总是会不断地尝试拓展自己的信息渠道或是信息量，而对于市场中的个体投资者而言，最方便获取的就是每天市场中关于上市公司的新闻报道，这些公司层面的新闻能够帮助投资者直观快捷地了解公司的动态情况，特别是专业、权威的财经媒体往往能够更直观的向投资者传递相关的股市预测或是评价信息（Barber 和 Odean，2007[61]；Tetlock，2010[62]），减少了公司与投资者之间的信息不对称性及他们的认知偏差。尤其是对于我国个体投资者而言，大部分投资者因很难直接获取到一手信息或是分析专业投资报告，选择通过浏览新闻从媒体中挖掘有效信息进行投资决策，因此新闻报道数量上或是内容语气上的变化就会非常直观为投资者所捕捉并导致投资者的各种认知偏差，进而影响到投资者的信念。同时，大量文献也表明公司层面媒体报道的数量或是“情绪”都会影响到股票的收益率或是股价波动（Tetlock（2010）[62]，Bushee、Core 和 Guay 等（2010）[63]，Engelberg 和 Parson（2011）[64]，Fang 和 Peress（2009）[65]）。

1.4.3.1 “大数据”背景下投资者异质后验信念对资产价格的影响

随着互联网的逐渐普及，人们迎来了信息大爆炸的时代，由于其获取信息及时、方便、成本低等特点，越来越多投资者的投资信息的获取从传统金融媒介（电视、报纸、杂志等）开始转向从互联网海量开源信息中筛选出自己需要的信息为自己的投资决策提供帮助。这类人与互联网的互动也使越来越多的关于个股或是市场的公开信息基于从节约成本、迅速扩散等方面考虑愿意选择使用互联网这一新兴媒介进行传播。近几年，当人们已经不满足仅仅获取新闻，还希望能够有一个渠道抒发自己意见时，股票论坛给了这类投资者机会，股票论坛中每一只股票都有一个帖吧，让对这支股票的实际投资者或是潜在投资者能够在其中畅所欲言，互相交换信息，省去了投资者大量搜索特定股票信息的时间。而这种交流形式也为金融学者提供了一个新的研究对象。此外，还有各种搜索引擎的搜索数据同样为金融研究创建了一个新的行为数据样本库，这类文章的主要立足点在于当一个人是某只股票的投资者或是对某一公司股票感兴趣时，通常他会主动的去收集关于这家公司的资料信息，这些收集痕迹就反映在搜索引擎中，谷歌的首席经济学家 Hal Varian 曾指出“搜索数据能够实时地刻画了大众对众多经济领域活动的兴趣”。因此，可以将某一搜索引擎中一段时间内关于某公司的搜索量看作是这段时间投资者对其的关注程度。一些文章便是在这一思想基础上建立投资者关注指标或是指数来研究其与股票市场的关系。以及 Blog、Twitter、微博、微信等新兴社交媒体数据均成为了研究者的研究对象，这类社交媒体虽然出现较晚，但由于其较高的人气，因此短时间内就成为了人们生活中最重要的沟通交流媒介，每天都有大量的用户原创数据更新，这其中包括一些财经媒体、专业分析师或是其他金融从业人员，以中国市场占有率最高的新浪微博为例，一些著名的新浪股票名博大多拥有几十万的粉丝，而这些人就是其潜在的信念影响或是信念接收者，他们的一条微博可能就会改变一个投资者原有的投资决策，影响力非常可观，因此这种活跃的社交媒体信息在当今乃至未来都将会是一个非常合适的研究投资者信念与行为的样本对象。

总结来看，之所以这些网络开源数据如此吸引广大学者，主要有以下三点原因：首先，对传统数值型数据样本的研究已相对成熟，而文本型数据样本刚刚兴起，有待进一步丰富研究。其次，互联网中文本的相关数据更能够直接的表达投资者的意见，通常当一个股票市场参与者能够在某只股票帖吧中发言或是其他社交媒介中发表关于这只股票的言论通常因为他是这只股票的关注者、投资者或是潜在投资人，因此能够主动收集相关信息并能够处理出自己的意见。因此，这些信息中通常包含着发言人个人的意见情绪，这就为后续研究投资者行为与股票市场关系方面提供了直接证据。最后，互联网每天充斥着大量信息，因此也为研究者提供了丰富的研究样本，满足构建回归模型等其他量化模型的基础样本量的条件。因此，以上三点也为研究者后续的研究提供了可能性。在金融研究者眼中，投资者在互联网中所留下的痕迹成为了宝贵的行为金融学的研究样本，并做了大量研究。接下来，本书将从两个方面对开源信息与资本市场关系的研究进行梳理：一是开源信息对于资产定价的影响；二是开源信息对于投资者的股票交易行为的影响。

近几年，国内外学者对于网络开源信息是如何对资产定价产生影响的这一问题做了大量工作。从基本开源信息内容格式划分，前人文献可以分为两种研究角度：一种是基于开源信息规模（发帖量、点击量）角度出发进行研究；另一种是基于开源信息文本内容的角度进行研究。在基于开源信息规模（发帖量、点击量）角度研究开源信息对资产定价的影响的现有文献中，较早的 Wysocki（1998）[65]将投资者在股票论坛中的活动看作是投资者发布、处理和收集信息的过程。通过对 Yahoo！Finance 论坛中 3000 只股票讨论情况的研究发现，高市值、高市盈率、高分析师跟踪人数以及较小的机构持股比例的股票论坛活跃度越高，人们更愿意在其中分享信息和浏览信息，且当日发帖量影响下一交易日股票的收益率与交易量。Tumarkin 和 Whitelaw（2001）[66]认为，股票论坛中的帖子属于市场“噪音”，发现超额发帖量与股票超额收益及股票超额交易量呈正相关关系。Jones（2006）[67]以 S&P100 成分股为研究对象，发现自从出现 Yahoo！Finance 论坛后，论坛中讨论的股票交易量显著增加，日股票收益率显著减少，股票收益波动性更低，风险更小，可以看出股票论坛与股票之间存在相互的促进作用，同时论坛的产生也使股票的异质信念程度增加。Sabherwal、Sarkar 和 Zhang（2008）[205]基于 Wysochi（1998）[204]结论，发现股票论坛的发帖量会显著影响股票当日及下一交易日的收益率，这种现象在小市值组更为明显。Da、Engelberg、Gao（2011）[137]用 Google 搜索频率（搜索量指数，SVI）作为投资者情绪的度量指标，对 2004—2008 年 3000 只股票进行研究发现 Google 搜索量指数 SVI 与现有投资者关注度指标相关，较原有投资者关注度指标更能够快速及时捕捉其变化，且 SVI 指标的增加预示着未来两周内股票价格的变高，并最终在一年内逆转。宋双杰、曹晖、杨坤（2011）[206]利用谷歌趋势提供的搜索量数据构建了一个投资者关注度指标，用以解释 IPO 市场中的首日高回报、长期表现低迷和热销市场的三种异象。并认为投资者关注可以很好的解释这三个高相关度异象。

随着文本分析技术的逐渐成熟，部分学者将该技术应用到金融分析中，通常挖掘对象是互联网中的新闻、社交媒体等开源大数据信息，通过对市场参与者在论坛、博客、微博、微信等互联网社交媒体中发布的信息内容进行文本情感或是语义的分析，获取投资者对于市场的态度。然后通过实证的研究手段验证这些内容的信息与股票市场的关系。目前在历史文献中较为常见的文本情感分析的技术包括：（1）自然语言处理技术，即对分析文本的情感倾向（不是简单的正向与负向情绪）；（2）基于机器学习、根据训练数据并利用支持向量机（Supported Vector Machines，SVM）等技术，分析文本的正向与负向的情感倾向（Pang 和 Lee，2008[207]）。虽然由于技术限制使开源信息文本内容分析与股票市场关系这块研究领域兴起较晚，但是随着互联网的逐步普及已经成为开源信息与股票市场关系的研究中一个新兴、必要的热点金融研究领域。

从前人文献来看，大部分文献发现开源信息中的内容与股票市场变动存在显著性关联，Tumarkin（2002）[68]通过以特定的互联网服务公司为研究对象，选择 RagingBull 互联网论坛中的讨论数据定量评估互联网服务公司的估值与投资者意见之间的关系。研究结果发现，论坛中的讨论内容与互联网服务公司估值之间存在关联。Anweilert 和 Frank（2004）[69]研究了道琼斯行业指数（Dow Jones Industrial Average）与道琼斯互联网指数（Dow Jones Internet Index）中的 45 只股票在 Yahoo！Finance 论坛和 RagingBull 论坛中 150 万条帖子的内容，发现论坛中的股票信息可以预测市场波动性，对股票收益率虽然统计上显著但是经济意义较小。Choudhury 等（2008）[70]通过对一个博客网站（Engadget. com）中的关于股票的相关信息进行挖掘和分析，发现博客中的股票信息与股票市场变动相关。Bollen、Mao 和 Zeng（2011）[72]根据 Twitter Feeds 中的信息进行挖掘，发现 Twitter 用户传播的信息可以对股票收益做出准确的预测。Bettman、Hallett 和 Sault（2010）[71]研究互联网股票论坛中的信息内容与股票超额收益的关系，采用五阶段过滤的方法，发现在企业并购中互联网信息与股票的超额收益率具有显著关系。

而有些文章则从其他角度研究发现，某些网络开源信息数据在一些情况下与股票市场的关系仍需进一步考证：如石勇，唐静和郭琨（2017）[99]基于特定数据来源优矿金融量化平台上的股吧论坛用户评论数据、雪球网股民社交网络数据和财经新闻数据，分别构建了股吧论坛投资者关注度、雪球网投资者关注度、新闻关注度和新闻情绪指数，从不同社交媒体的关注度即情绪指数出发，研究这些社交媒体的指标与沪深 300 指数的关系，并分析差异性。发现股吧论坛投资者的关注度对股票市场的影响最大，而新闻情绪指数和股票市场的关系不大。刘欣（2014）[208]对互联网开源新闻进行情感分析后发现，互联网开源新闻的情绪能够对股票价格产生影响，但是不同网站的新闻对股票价格的影响程度不同，与其影响度相关。张永杰、张维、金曦和熊熊（2011）[73]利用搜索引擎的文本语义挖掘技术对开源信息内容进行分析，发现彼时中文的社会媒体已经开始存在有效信息内容，样本股中22.5%的股票其开源信息中所包含的信息能够显著解释该股的日异常收益。但同时指出开源信息内容对于异常收益率的解释能力随着样本股的不同而不同，差异较大。

1.4.3.2 “大数据”背景下投资者异质后验信念对投资者交易行为影响

投资者异质后验信念对于股票交易行为的影响主要表现在对投资者心理、市场羊群效应以及投资者和公开媒体中发言的情绪倾向等方面。

Mizrach 和 Weerts（2009）[202]研究了676位论坛发言用户的交易行为与他们的投资组合之间的关系，发现这676位投资者的日超额收益率较全体投资者的日超额收益率高17个百分比，同时这类投资者的盈利能力较其他投资者更强。Das 和 Sisk（2005）[74]发现各种金融论坛中，讨论更为活跃的股票投资者的行为表现出更多的一致性，即他们的异质信念程度更低，而对于相对不活跃的股票来说，其股票收益的波动性更低。Das 和 Chen（2007）[75]通过构建一种多分类器筛选算法（Multi classifier Filtering Algorithm）对美国多个论坛进行信息文本分析，发现其内容与股票收益有显著关系。Dewally（2003）[203]发现论坛中的投资者更倾向去推荐他人买入股票，推荐买入股票的帖子与推荐卖出股票的帖子比率高达7:1。Depken 和 Zhang（2010）[77]发现论坛中声誉较高的发帖人通常不太会直接在发帖信息中表明买入或是卖出的态度，而声誉较低的发帖人往往会发布消极情绪帖，作者认为在一个网络论坛中，声誉加上小额的奖金奖励制度，可以显著影响逆向选择现象。Gu、Konana 和 Liu 等（2008）[76]对 Yahoo! Finance 论坛中29只股票7.2万条帖子进行研究，发现人们更倾向与自己意见相同的帖子进行互动交流，以此验证了美国心理学家 Feastinger 于1957年提出的认知失调理论（Cognitive dissonance theory）。Depken 和 Zhang（2010）[77]发现论坛中声誉较高的发帖人通常不太会在发帖信息中表明买入或卖出的态度，而声誉较低的发帖人往往会发布消极情绪帖，作者认为在网络论坛中，声誉加上小额的奖金奖励制度，可以显著影响逆向选择。郑瑶、董大勇和朱宏泉（2016）[78]通过对东方财富股吧帖子进行文本情绪分析，构建异质情绪影响股市“羊群效应”的 GARCH 模型，实证结果发现投资者情绪强度与股票市场“羊群效应”呈正相关关系，相对于悲观情绪，乐观情绪导致的股票市场“羊群效应”更弱以及个体投资者之间的情绪一致性将减弱股票市场“羊群效应”，投资者之间的情绪异质性对股票市场的“羊群效应”具有抑制作用。

1.4.3.3 文献评述

总体来说，网络开源数据之所以吸引广大学者，主要有以下三点原因：首先，现有对传统数值型样本的研究已相对成熟，而文本型数据样本刚刚兴起，有待进一步丰富研究。其次，互联网中文本的相关数据更能直接表达投资者的意见，通常当一个股票市场参与者能够在某只股票帖吧中发言或是在其他社交媒介中发表关于这只股票的言论通常因为他是这只股票的关注者，投资者或是潜在投资人，因此能够主动收集相关信息并能够形成自己的意见。因此这些信息中通常包含着发言人个人的意见情绪，这就为后续研究投资者行为与股票市场关系方面提供了直接证据。最后，互联网每天都存在海量信息，因此也为研究者提供了丰富的研究样本，满足构建回归模型等其他量化模型的基础样本量的条件。以上三点也为研究者后续的研究提供了可能性。在学者眼中，投资者在互联网中所留下的痕迹成为了宝贵的行为金融学的研究样本，并据此做了大量研究。未来将从两个方面对开源信息与资本市场关系的研究进行梳理：一是开源信息对于资产定价的影响；二是开源信息对于投资者的股票交易行为的影响。

1.5 技术路线及本书创新

1.5.1 技术路线

图 1-2 给出了本书的总体研究思路与研究内容。

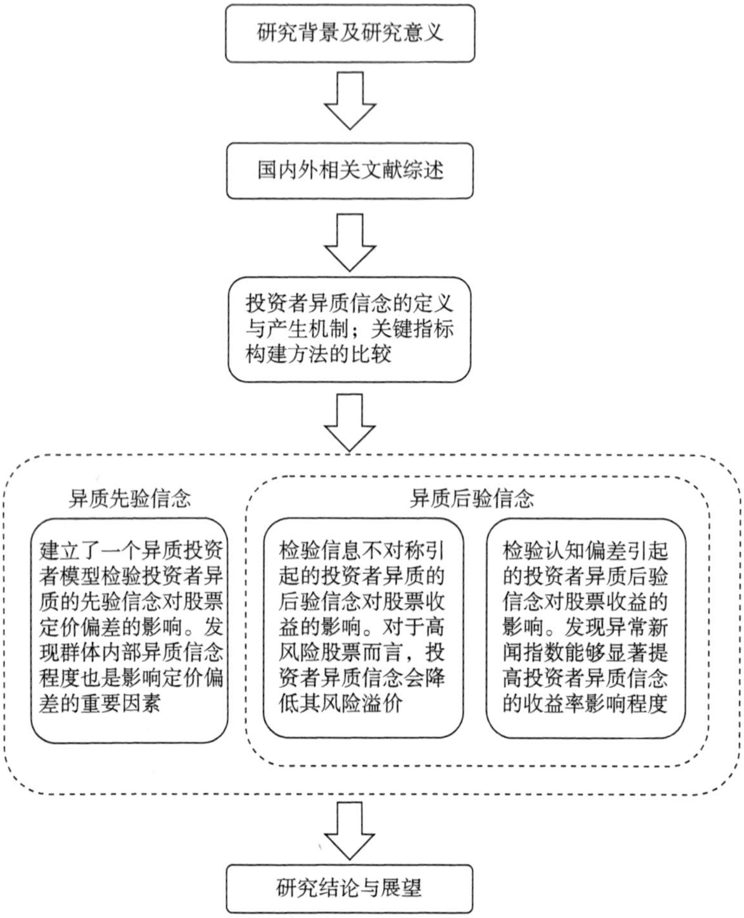

图 1-2　本书总体研究思路与研究内容

1.5.2　本书创新

通过对中国股票市场中关于投资者异质信念角度的相关研究，本书可能的研究贡献与创新性有以下四点。

第一，本书拓展了投资者异质先验信念对风险资产定价偏差影响的研究角度。在梳理文献后发现，以往文献在研究投资者异质信念时，认为乐观（积极）投资者与悲观（消极）投资者集合情绪之差（表示市场整体乐观/悲观信念的程度）能够决定资产定价偏差。而本书通过研究发现投资者受异质先验信念的影响使得他们对同一条公开信息的解读会产生情绪偏差（乐观/悲观），而资产定价偏差不仅被投资者的集合情绪所影响，同时也被不同类型投资者对于未来收益的情绪偏差的分布所影响。因此，本书的研究从理论模型角度丰富了投资者异质信念与资产定价相关领域的研究成果。

第二，从市场意见分歧水平角度分析投资者异质信念对股票系统性风险与收益关系的影响。以往基于我国市场为研究对象的文献中，大多是从个股角度分析投资者异质信念。而本书通过“自底向上”（Yu，2011[22]）的方法构建市场意见分歧水平，将市场按照分歧水平分为高意见分歧期与低意见分歧期，分别观察不同系统性风险水平下的投资组合的收益情况。丰富了基于我国股票市场为研究对象的关于市场层面的投资者异质信念的研究。

第三，以往的文献较多使用市场整体投资者情绪，而本书单独考虑了个人投资者情绪和异质信念对资产定价产生的相关影响，为理解个人投资者行为提供了新的视角。本书从动态的角度考虑了个人投资者情绪变化在异质信念（意见分歧）与股票收益的关系框架中产生的影响，补充了投资者情绪、意见分歧与资产定价方面的相关文献。本书还探究了极端个人投资者情绪对意见分歧与股票收益关系的影响，丰富了极端情绪方面的相关研究。

第四，创新地引入异常新闻报道指标。以往研究媒体相关效应的文献大多是从新闻整体角度出发，如新闻数量、新闻情绪、新闻关注度，但是本书受 Maheu 和 McCurdy（2004）[152]提出的异常新闻流（将总新闻流分为正常新闻流与异常新闻流）启发，从三个不同维度（曝光度、情绪、关注度）衡量异常的新闻报道，并构造异常新闻指数以衡量股票的异常新闻报道水平，并发现异常新闻指数能够显著提高投资者异质信念对股票收益率的影响程度。

第2章　投资者异质信念与金融市场表现

2.1　引言

在资产定价理论中，资产风险与收益一直是学者们研究的重点。无论是传统的资本资产定价模型或是后来发展起来的行为金融学，风险一直是影响投资行为的一个重要因素。传统资产定价模型，如CAPM模型，在“理性人”和“有效市场”的背景下其理论核心就是限制投资者是理性的且是风险厌恶的，同时还限制了“同质信念”条件。此外在传统资产定价模型中，并未限制卖空约束，投资者可以自由选择卖空。那么根据理性与风险厌恶条件，使投资者对于高风险势必要求相应的高收益，因此在传统资产定价理论中，“高风险必然获得高收益”。然而真实市场中，投资个体由于信息、环境等因素的原因导致所掌握的信息质量参差不齐，尤其是个人投资者，他们往往在交易活动中处于被动一方，因此由于信息的不完全、不对称性以及资源渠道限制等方面导致个体投资者面对资产未来的收益会产生不确定性，投资者之间的信息不对称以及信息不完全状况使得投资者产生异质的信念，同时由于个体投资者投资经验的缺乏以及过度自信，过于“天真”的投资心态导致他们很容易在衡量资产的风险时产生错误的判断，从而弱化股票收益与风险之间的关系（Yu和Yuan，2011[17]）。此时，处于信息不对称弱势方的个体投资者依据其所拥有的不完全以及不对称的信息对股票未来收益进行预测时，很容易产生较大的分歧。同时，对于个体投资者而言，与机构投资者不同的是，个体投资者容易受到心理因素影响产生各种心理偏差，如他们往往会为了获得更高的收益而追求“高风险”股票，期待高风险能使实际收益率高于预期值。我国学者通过对我国证券市场的账户数据研究后发现，小规模持仓的个人投资者趋于非理性投资者，虽具有损失厌恶心理，但仍属于风险偏好者，而与之相对的大规模持仓者和机构投资者则是风险厌恶型投资者（史永东、李竹薇和陈炜，2009[79]）。因此，本书认为在由于不完全信息以及信息不对称，投资者很容易对资产的未来收益产生不同预期，同时对于风险偏好等心理因素对资产的风险产生错误估计，进而影响到股票的风险以及未来收益。

此外，国内外的一些文章也为投资者异质信念与股票风险 Beta 及收益间的关系提供了与本书相关的证据。如经典文章 Miller（1977）[13]发现风险资产在卖空限制与投资者异质信念的条件下，股票价格只能体现出乐观投资者的信念，因此随着异质信念水平的增加，股票价格被高估的程度应该增加，造成股票市场高风险低收益的现象。在文章中 Miller 也对异质信念对系统性风险 Beta 系数的影响作了一定前瞻性的分析说明，Miller 认为换手率能够表征投资者异质信念，发现之前研究中有证据表明换手率与 Beta 存在正相关关系，因而推测投资者异质信念应该与股票 Beta 值正相关。而 Varian（1985）[16]在 Miller（1977）[13]基础上采取不同研究视角，将投资者异质信念看作一种风险，这种风险使股票存在很大的未来不确定性，由此投资者对于高异质信念股票会要求更高的风险补偿。Hong 和 Sarer（2016）[80]从模型角度放开了卖空限制条件，从投资者异质信念角度发现高风险资产较低风险资产更容易被高估。此外，还有一部分研究针对异质信念与股票风险提出相关证据，发现投资者异质信念与股票交易或是股票市场的波动、崩盘、泡沫、暴跌均存在联系，此类文章包括 Shalen（1993）[81]，Scheinkman 和 Xiong（2003）[21]，陈国进和张贻军（2009）[82]等。

根据以上文章，本书认为对于高风险股票，由于投资者的信息不对称及其他投资者心理因素导致股票的投资者异质信念水平更高，同时投资者异质信念程度的提升将降低股票的风险溢价水平，降低股票收益率。

2.2 数据与方法

2.2.1 样本股选取以及数据来源

本章所使用的月度交易数据来自 CSMAR 中的股票交易数据库以及上市公司财务报表数据库，分析师盈余预测数据来自锐思数据库（www.resset.cn）。样本股选择范围包括 2011 年 9 月至 2017 年 5 月全部沪深 A 股，其中剔除 PT 及 ST 股票；剔除上市时间低于 24 个月的股票；为保证分析师数据完整准确，剔除每股每月分析师盈余预测值少于两个的月份，剔除异常值（均值为零，标准差不为零或是均值为零，标准差为零）。所有进入样本股的股票要求具有月度收益率、价格、流通股市值、账面市值比等关键数据。最终样本股包括 1929 只股票共 59435 个相关数据，平均每个月约有 900 只股票。

2.2.2 关键变量的定义

2.2.2.1 投资者异质信念的定义及度量

在第 2 章我们梳理了以往对投资者异质信念分析时学者们普遍采用的几个指标：交易量、异常交易量、买卖价差、股票收益的波动率、换手率以及分析师盈余预测分歧等。这些指标均可以从不同角度对投资者的异质信念进行衡量，但均存在一定的偏差。比如说交易量，作为衡量股票市场资产成交的重要指标，虽然本身包含买卖双方的交易信息，但是由于交易量是股票市场中的重要指标，很多因素都与交易量存在复杂的关系，因此若将交易量作为投资者异质信念的衡量指标则需要在研究中将关联因素剔除；换手率或是买卖价差也包含了很多流动性相关的因素；而广泛使用的分析师盈余预测的分歧能够成为投资者异质信念的代理指标。主要基于两个基础假设：①分析师的预测是无偏的；②投资者会受到分析师盈余预测的影响。而这两点在现实市场中实现起来也存在一定困难，但由于缺少直接有效的投资者异质信念衡量指标，且分析师盈余预测确实会对投资者的决策行为产生一定影响，因此现阶段国内外大部分文章中关于投资者异质信念的衡量都选择分析师盈余预测，如 Yu（2011[22]，Hong 和 Sraer（2016）[80]，Moeller、Schlingemann 和 Stulz（2007）[83]中所选用的投资者异质信念的代理指标。因此，本书参照主流文献，选取分析师盈余预测分歧作为本章研究的投资者异质信念替代指标。

（1）个股投资者异质信念的度量方法

本书所选用个股层面的投资者异质信念的构造方法参照 Yu 和 Yuan（2011）[17]，用分析师对上市公司未来 *EPS* 的长期预测值的分散度来衡量。Yu 和 Yuan（2011）[17]认为，在构造投资者异质信念指标时，使用长期 *EPS* 预测值好处在于相对于短期 *EPS* 而言，长期 *EPS* 受到公司业绩的影响较小，且我国分析师一般会发布 t 年、$t+1$ 年、$t+2$ 年的公司 *EPS* 预测值，因此为本书采取 Yu 和 Yuan（2011）[17]的方法提供了数据支持。根据 Yu 和 Yuan（2011）[17]的方法，本书选取分析师对某上市公司 $t+1$ 年 *EPS* 预测值的分散度作为投资者异质信念的代理变量，并通过以下几步对数据进行处理：

①剔除未发布 *EPS*（$t+1$）的分析师数据，按月统计每股 *EPS*（$t+1$）的数量，并剔除数量少于 2 个数据的月份。

②如果同一名分析师在同一个月对同一家上市公司做多次预测，则保留最后一次预测数据。

③计算每股每月 *EPS*（$t+1$）的均值和标准差，并用标准差除以均值的绝对值作为投资者异质信念指标，记为 *Disg*。若当月 *EPS*（$t+1$）的均值为 0，则将该月数据作为异常值进行剔除，共剔除数据 82 条。最终，共得到有效数据 72015 条。

个股投资者异质信念的指标具体度量方法如下：

$$Disg_{i,t} = \frac{\sigma_{i,t}}{|\mu_{i,t}|} \tag{2-1}$$

其中，$Disg_{i,t}$ 代表股票 i 在 t 月的投资者异质信念程度，$\sigma_{i,t}$ 代表分析师对

股票 i 在 t 月所有 $EPS(t+1)$ 预测值的标准差，$\mu_{i,t}$ 代表分析师对股票 i 在 t 月所有 $EPS(t+1)$ 预测值的均值。

（2）市场整体层面投资者异质信念度量方法

对于市场整体层面投资者异质信念度量方法主要有两类：第一类为“自顶向下”（Top - Down），第二类为“自底向上”（Bottom - Top）。“自顶向下”构造方法以 Park（2005）[84] 为代表，以分析师对 S&P500 指数盈余预测的分散度作为代表，衡量市场整体的投资者异质信念度。“自底向上”构造方法以 Yu（2011）[22] 为代表，即将个股的异质信念通过加权平均构建市场整体的异质信念，通过对比“自顶向下”和“自底向上”两种方法，Yu（2011）[22] 认为“自底向上”方法音噪比（Signal - to - Noise Ration）更高，且更为稳健。

本书在比较了两种构建方法后选择“自底向上”的市场整体层面投资者异质信念构造方法，主要考虑到首先对于本书研究包括个股异质信念，在构建上简单易行，其次“自底向上”的方法更考虑了个股层面，凸显了个股异质信念的重要性，最后是我国分析师很少有对市场整体走势直接进行预测的数据，存在数据问题。因此综合考虑以上三个方面原因，最终选择 Yu（2011）[22] 作为本书市场整体层面的投资者异质信念构造方法参考。

具体构造方法如下：

$$\sigma_t = \sum_t MKTCAP_{i,t} \times \sigma_{i,t} / \sum_t MKTCAP_{i,t} \qquad (2-2)$$

$$\mu_t = \sum_t MKTCAP_{i,t} \times \mu_{i,t} / \sum_t MKTCAP_{i,t} \qquad (2-3)$$

$$Disg_t = \frac{\sigma_t}{|\mu_t|} \qquad (2-4)$$

其中，$\sigma_{i,t}$ 代表分析师对股票 i 在 t 月所有 $EPS(t+1)$ 预测值的标准差，$\mu_{i,t}$ 代表分析师对股票 i 在 t 月所有 $EPS(t+1)$ 预测值的均值。$MKTCAP_{i,t}$ 代表股票 i 在 t 月的流通市值，$Disg_t$ 代表样本股在 t 月的整体投资者异质信念。

参照 Yu（2011）[22] 的市场投资者异质信念构造方法计算我国整体市场投资者异质信念，同时与上证综合指数和月收盘指数的走势进行比较，结果如图 2-1 所示。

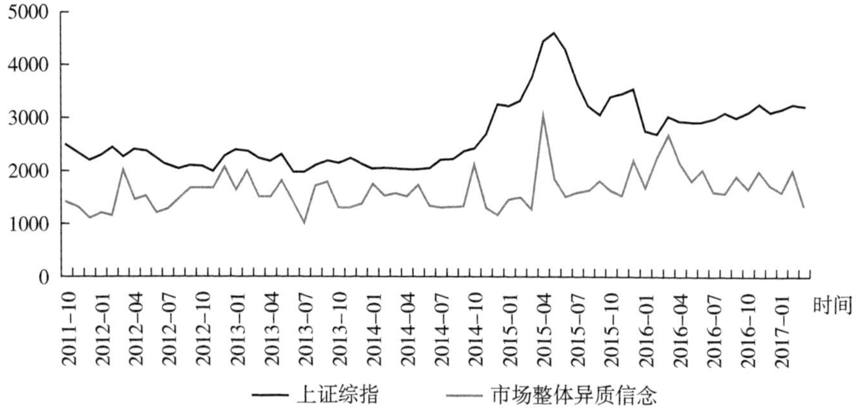

图 2-1　2011—2017 年市场整体投资者异质信念与上证综指走势对比

通过图 2-1 我们可以发现从 2011—2017 年的 6 年间，投资者异质信念与上证综指的涨跌总体上还是比较一致，投资者异质信念水平呈现平稳中上涨的态势，在 2015 年中期达到了一个小高潮，结合当时中国股票市场实际情况，彼时中国股市刚刚经过 2014—2015 年上半年的利好牛市期，而从 2015 年下半年至 2016 年初，中国股市连续遭遇千股跌停的现象，这种市场非正常的状态使股民相互踩踏，即便有政府积极救市，但对于投资者的投资信念已造成严重冲击，非理性行为凸显，投资者异质信念程度扩大，直至 2016 年 4 月，这一股市大波动过去 3 个月后，投资者才逐渐回归理性，投资者异质信念程度下降，但仍高于往年正常水平。由此可见，投资者异质信念对于市场的良性发展具有很重要的意义，尤其在我国散户占比高的情况下。因此，本书从投资者异质信念角度出发研究其对股票风险与收益的影响是具有意义的。

2.2.2.2　其余关键变量的构造方法

除了投资者异质信念的定义，本章还包括股票系统性风险 Beta 的计算，以及股票超额收益率的计算方法，同时本书中所选取的控制变量包括控制收益影响的股票上期末价格，控制规模效应的流通股市值，账面市值比以及控制流动性的非流动性指标。变量的具体构造方法如表 2-1 所示。

表 2-1 选取变量的定义

变量	定义描述
系统性风险（*Beta*）	*Beta* 系数能够衡量个股或是组合对于市场变化的敏感性，是一种风险指标。本文 *Beta* 的计算根据 *CAPM* 模型。具体方法为：在样本期应用个股前一年的交易月收益数据估计，估计方程式为：$R_{i,t}=\alpha_i+\beta_i R_{m,t}+\varepsilon_{i,t}$。其中，$R_{i,t}$ 为股票 i 在 t 月的收益率，$R_{m,t}$ 为市场组合在 t 月的收益率（本书选取国泰按数据库中的现金红利在投资的 A 股综合月市场流通市值加权回报率作为市场组合收益率的替代变量），β_i 即为个股的系统性风险
超额收益率（*AR*）	用得到的样本期月度收益率、市场组合收益率及 CAPM 模型估计的 Beta 系数，根据：$AR_{i,t}=R_{i,t}-\beta_i R_{m,t}$ 公式计算月度超额收益率
上期末价格（*P*（*t*-1））	去上一个自然月末收盘价作为观测月的上期末价格
公司规模（*Size*）	中国股市存在流通股与非流通股的区别，陈收和陈立波（2002）[158] 发现对中国股市研究时采取流通股或是总市值对不同规模组合的收益率序列无本质影响，因此本书参照学术界普遍做法选择以月末流通股市值的自然对数代表
账面市值比（*BM*）	定义为月末收益率与月末收盘价的比值
非流动性指标（*Illiq*）	参照 Amihud（2002）[85] 提出的非流动性指标构造方法，对每个交易日收益率的绝对值除以日交易金额，然后将一个月内所有交易日的比值算术平均得到非流动行指标。并取自然对数

2.3 实证结果与分析

2.3.1 变量描述统计

对上一小节所构建的关键变量做描述性统计，如表 2-2 所示。发现样本期内收益率的均值为 0.02，中位数为 0.01，基本持平。超额收益率的均值为 -0.002，均值为 -0.01，说明超额收益率在样本区间内是上升的。而投资者异质信念指标的平均值为 0.21，标准差为 1.01，中位数为 0.11，说明投资者异质信念在样本内呈右偏状态，投资者异质信念在大多数时间里都是程度比较高的。在进行相关性分析前，我们首先对市场整体的投资者异质信念与月度 Beta 做散点图 2-2，观察两者变化的大致趋势。

表 2-2　　变量描述性统计结果

变量	数量	平均值	标准差	最小值	25%	50%	75%	最大值
$R(t)$	59435	0.02	0.14	-0.57	-0.06	0.01	0.09	4.59
$AR(t)$	59435	-0.002	0.11	-0.95	-0.06	-0.01	0.05	4.49
$Disg(t)$	59435	0.21	1.01	0.00	0.06	0.11	0.21	84.91
$Disg(t-1)$	59435	0.21	0.99	0.00	0.06	0.11	0.21	84.91
Size	59435	16.19	1.07	13.69	15.45	16.04	16.77	21.50
Illiq	59435	-22.36	1.19	-27.44	-23.13	-22.36	-21.57	-14.65
$P(t-1)$	59435	16.54	14.85	1.52	8.08	12.88	20.2	354.66
B/M	59435	0.48	0.36	-3.05	0.25	0.39	0.61	6.93

注：其中 $R(t)$ 为样本股月收益率，$AR(t)$ 为样本股月超额收益率，通过 *CAPM* 模型计算。$Disg(t)$ 为样本股第 t 个月的投资者异质信念，具体构造方法参考 Yu（2011）[22]。$Disg(t-1)$ 为样本股第 $(t-1)$ 个月的投资者异质信念程度。*Size* 为股票月流通股市值的对数。*Illiq* 为非流动性指标，具体构造方法参考 Amihud（2002）[85]。$P(t-1)$ 为 $t-1$ 月末收盘价。B/M 代表账面市值比指标，即月末收益率与月末收盘价的比值。

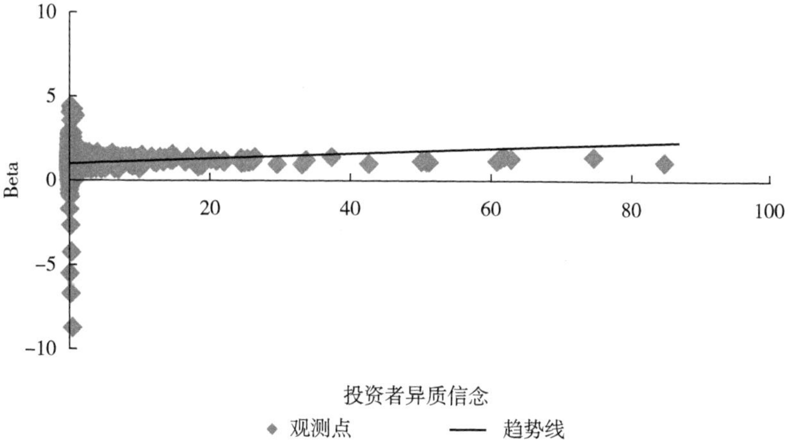

图 2-2　投资者异质信念与 *Beta* 的变化散点

根据图 2-2 可以比较直观的观察投资者异质信念与 *Beta* 的关系，发现投资者异质信念与 *Beta* 呈正相关趋势，随着投资者异质信念的增加，股票的 *Beta* 水平也随之增加。因此我们进一步通过 *Pearson* 方法检验观察本章中关键变量之间的相关性，具体结果如表 2-3 所示。

表 2－3　　关键变量相关性检验结果

变量	$R(t)$	$AR(t)$	$Disg(t)$	$Disg(t-1)$	$Agg.Disg(t-1)$	$Beta$	$Size$	$Illiq$	$P(t-1)$	B/M
$R(t)$	1.00	0.77 (0.00)	0.001 (0.87)	-0.002 (0.71)	0.08 (0.00)	0.04 (0.00)	0.06 (0.00)	005 (0.00)	0.12 (0.00)	0.11 (0.00)
$AR(t)$		1.00	-0.01 (0.05)	-0.01 (0.08)	-0.02 (0.00)	0.02 (0.02)	0.01 (0.01)	0.08 (0.00)	0.08 (0.00)	0.07 (0.00)
$Disg(t)$			1.00	0.16 (0.00)	0.01 (0.06)	0.05 (0.00)	-0.02 (0.00)	0.02 (0.00)	-0.05 (0.00)	0.06 (0.00)
$Disg(t-1)$				1.00	0.03 (0.00)	0.05 (0.00)	-0.02 (0.00)	0.01 (0.00)	-0.05 (0.00)	0.06 (0.00)
$Agg.Disg(t-1)$					1.00	0.04 (0.00)	0.12 (0.00)	-0.15 (0.00)	0.06 (0.00)	-0.07 (0.00)
$Beta$						1.00	-0.01 (0.00)	-0.05 (0.00)	-0.15 (0.00)	-0.06 (0.00)
$Size$							1.00	-0.35 (0.00)	0.19 (0.00)	0.11 (0.00)
$Illiq$								1.00	-0.16 (0.00)	0.01 (0.84)
$P(t-1)$									1.00	-0.41 (0.00)
B/M										1.00

注：其中，$R(t)$ 为样本股月收益率，$AR(t)$ 为样本股月超额收益率，通过 CAPM 模型计算。$Disg(t)$ 为样本股第 t 个月的投资者异质信念，具体构造方法参考 Yu（2011）[22]。$Disg(t-1)$ 为样本股第（$t-1$）个月的投资者异质信念程度。$Beta$ 为 CAPM 模型估计结果。$Size$ 为股票月流通股市值的对数。$Illiq$ 为非流动性指标，具体构造方法参考 Amihud（2002）[85]。$P(t-1)$ 为 $t-1$ 月末收盘价。B/M 代表账面市值比指标，即月末收益率与月末收盘价的比值。括号内为显著性检验 p 值。

通过表 2－3 我们发现收益率与 t 期和（$t-1$）期的股票投资者异质信念没有显著性相关，这确实有悖于以往文献结论，但是同市场整体的投资者异质信念显著正相关，相关系数为 0.08。股票超额收益与市场整体的投资者异质信念存在显著负相关关系。且个股风险 Beta 无论是与个股投资者分歧还是市场整体投资者分歧均呈显著正相关关系，这个相关性结果与 Miller (1977)[13] 中的结论保持一致，同时与散点图 2－2 的结论也能够相互印证。

2.3.2 投资组合收益

首先，我们对样本股票按照系统性风险 *Beta* 的大小构造投资组合。表 2－4中，我们将全部股票按照 *Beta* 的大小从低到高分为 5 组，分别对组合月收益率、组合月超额收益率以及月度投资者异质信念做描述性统计。发现组合的平均收益率随着 *Beta* 的增加而逐渐增加，而超额收益率则整体呈下降趋势，从 *Beta* 最低组的 0.002 到 *Beta* 最高组的－0.007，高 *Beta* 组比低 *Beta* 组的收益率低0.9%。而高 *Beta* 组收益率则高于低 *Beta* 组收益率 1.1%。且股票收益对于风险 *Beta* 的敏感度高于投资者异质信念对风险 *Beta* 的敏感度。同时，随着 *Beta* 的逐渐增加，投资者分歧程度也逐渐增加，同样印证了前文中对于 *Beta* 与投资者异质信念关系的分析。

表 2－4　　Beta 组合收益与异质信念

变量	*Low Beta*	2	3	4	*High Beta*	*High－low*
Return	1.48 (3.11)	1.90 (5.49)	2.36 (8.63)	2.42 (8.11)	2.66 (6.57)	1.18 (2.80)
Excess Return	0.22 (2.19)	－0.15 (－1.48)	－0.08 (－0.79)	－0.44 (－4.20)	－0.68 (－5.55)	－0.90 (－5.72)
Disg(*t*)	0.12 (9.82)	0.168 (5.56)	0.18 (10.94)	0.26 (10.31)	0.30 (12.08)	0.18 (3.54)

注：将样本数据依据 *Beta* 高低从 *Beta* 最低组（*Low Beta* 组）到 *Beta* 最高组（*High Beta* 组）分为 5 组，并汇报了高 Beta 组的收益率（超额收益率、投资者异质信念）减去 Beta 组的收益率（超额收益率、投资者异质信念）与 t 值。本表平均指标算法均为等权平均。表中收益率数据已经乘以 100。括号中为显著性 t 统计量。

为了检验 *Beta* 组合在不同市场投资者异质信念水平时的收益率与超额收益率，我们将每个 *Beta* 组合中的股票按照个股异质信念继续分为高分歧组与低分歧组，并计算平均收益率与平均超额收益率，如表 2－5 所示。表 2－5中可以发现在不同投资者异质信念程度下，收益率均随着风险 *Beta* 的增加而逐步增加。且在不同 *Beta* 组合中，投资者异质信念较高的股票收益率较大。

而在两种投资者异质信念程度下，超额收益率的绝对值随着 *Beta* 由低到高呈现出“U”形，从行为金融学角度来看，所谓的错误定价或是定价偏差是超额收益率的来源，因此可见两种极端风险的股票（过高或是过低）都被市场错误定价的概率较大。同时低投资者异质信念组的超额收益始终低于高投资者异质信念组，可见投资者异质信念较高，投资者意见分歧比较大时，在卖空限制条件下，股票价格主要变现积极乐观投资者的信念较高，收益率偏离正常收益率程度更大。

表 2-5　　不同投资者异质信念程度下的 Beta 组合收益

变量	*Low Beta*	2	3	4	*High Beta*	High - low
Panel A　Return						
High Disg	2.00 (11.91)	2.01 (10.47)	2.34 (12.81)	2.55 (13.55)	3.06 (12.45)	1.06 (2.88)
Low Disg	0.96 (6.36)	1.86 (11.57)	2.26 (10.93)	2.28 (12.02)	2.36 (13.54)	1.30 (5.71)
Panel B　Excess Return						
High Disg	2.43 (3.00)	-0.20 (-1.28)	-0.17 (-1.13)	-0.48 (-3.26)	-0.84 (-4.49)	-3.27 (-5.93)
Low Disg	0.13 (1.83)	-0.10 (-1.78)	0.00 (1.03)	-0.41 (-2.74)	-0.52 (-3.31)	-0.65 (-3.48)

注：根据股票系统性风险从 *Beta* 最低组（*Low Beta* 组）到 *Beta* 最高组（*High Beta* 组），并汇报了高 *Beta* 组的收益率（超额收益率）减去低 *Beta* 组的收益率（超额收益率）与 *t* 值。其中，*High Disg* 表示高投资者异质程度，*Low Disg* 表示低投资者异质信念程度。表中收益率数据已经乘以 100。括号中为显著性 t 统计量。

在表 2-4 与表 2-5 基础上我们将按照自然月对股票构造不同 *Beta* 投资组合，并计算组合的流通市值加权收益率、超额收益率以及组合的投资者异质信念程度。我们发现与表 2-4 类似的结论，表 2-6 中随着 *Beta* 的逐渐增加，组合收益与投资者分歧程度逐渐增加，其中高 *Beta* 组的收益率比低 *Beta* 组的收益率高 0.88，意味着如果在当月买进高 *Beta* 组股票，同时卖出低 *Beta* 组股票，在未来一个月平均可以有 0.88% 的收益。超额收益率随着 *Beta* 的增加呈现出“U”形。组合的投资者异质信念程度也随着 *Beta* 的增加而增加，与 Miller（1977）[13]的结论相同。

表 2－6　　　　Beta 投资组合收益与投资者异质信念情况

变量	*Low Beta*	2	3	4	*High Beta*	*High－low*
Return	1.70 (1.88)	1.93 (2.01)	2.20 (2.06)	2.14 (1.80)	2.58 (1.77)	0.88 (4.22)
Excess Return	0.21 (2.19)	－0.14 (－5.20)	－0.12 (－9.92)	－0.44 (－8.45)	－0.60 (－4.83)	－0.81 (－2.89)
Disg(t)	0.12 (6.91)	0.17 (9.87)	0.19 (9.92)	0.25 (12.32)	0.30 (13.91)	0.18 (3.59)

注：将每个月所有股票依据 *Beta* 高低从 *Beta* 最低组（*Low Beta* 组）到 *Beta* 最高组（*High Beta* 组）分为5组。汇报了高 *Beta* 组收益率（超额收益率、投资者异质信念）减去 *Beta* 组收益率（超额收益率、投资者异质信念）的差值与 *t* 值。*Disg(t)* 为各 *Beta* 投资组合当月的平均投资者异质信念。本表收益率为流通市值加权平均。表中收益率数据已经乘以100。括号中为显著性 *t* 统计量。

为了进一步分析不同投资者异质信念时期对 Beta 投资组合收益率的影响，我们通过计算市场整体投资者异质信念，将样本期分为高投资者异质信念时期，简称高分歧期，以及低投资者异质信念时期，简称低分歧期。分别计算不同分歧程度时期中的每个月不同 *Beta* 投资组合的收益率与超额收益率，如表2－7所示。通过表2－7发现 *Beta* 较高的投资组合（4）与（5）的收益率在低投资者异质信念时期（正常分歧时期）普遍高于高投资者异质信念时期，而 *Beta* 系数较低的投资组合收益率则在高投资者异质信念时期高于低投资者异质信念时期。传统金融学理论认为在有效市场中，不同资产之间的风险与收益是相匹配的，因此高收益资产一定伴随着高风险，即我们通常在投资中信奉的“高风险，高收益”，然而通过表2－7的结论我们发现，在不同市场投资者异质信念条件下，高风险资产并不一定能获得高收益。通过计算高 *Beta* 组与低 *Beta* 组的收益率与超额收益率的差值还可以发现，对于组合的收益率，在高投资者异质信念时期，高 *Beta* 组（4）（5）却低于低风险投资组合（1）。但这一现象在市场分歧程度较低（正常水平）时期并不明显。

表 2－7　不同投资者异质信念程度下的 Beta 投资组合收益

变量	*Low Beta*	2	3	4	*High Beta*	*High－low*
Panel A Mean Return						
High Disg	3.54 (2.81)	2.72 (2.48)	3.30 (2.71)	3.60 (2.51)	3.49 (2.17)	－0.05 (－2.11)
Low Disg	1.61 (1.37)	2.06 (2.51)	3.81 (2.65)	3.65 (2.40)	4.42 (2.10)	2.81 (1.87)
Panel B Excess Return						
High Disg	1.83 (2.91)	0.32 (0.73)	0.66 (1.45)	0.67 (1.02)	－0.17 (－0.29)	－2.00 (－2.07)
Low Disg	－0.02 (－0.36)	1.04 (1.84)	1.42 (2.12)	1.21 (1.94)	1.39 (1.38)	1.41 (1.32)

注：将每个月所有股票依据 *Beta* 高低从 *Beta* 最低组（*Low Beta* 组）到 *Beta* 最高组（*High Beta* 组）分为 5 组。汇报了高 *Beta* 组的收益率（超额收益率）减去 *Beta* 组的收益率（超额收益率）的差值与 t 值。其中 *High Disg* 表示高市场整体投资者异质信念期间，*Low Disg* 表示低市场整体投资者异质信念期间（正常水平时期）。市场整体投资者异质信念的计算参考 Yu（2011）[22] 的方法：个股的异质信念通过市值加权平均构建市场整体的异质信念。本表收益率为流通市值加权平均。表中收益率数据已经乘以 100。括号中为显著性 t 统计量。

2.3.3　回归分析

在利用投资组合法检验了不同市场投资者异质信念程度下 *Beta* 投资组合的收益率与超额收益率后，本节选择用 Fama－Macbeth 模型对不同 *Beta* 投资组合的投资者异质信念程度与组合收益进行回归分析，按照 Fama 和 Macbeth（1973）[86] 的方法，对于每一组 Beta 投资组合每个月我们用滞后一期的投资者异质信念对收益率和其他控制变量按照公式（2－5）进行回归：

$$R_t = \alpha_t + \beta_{1t} Disg_{t-1} + \sum_i \beta_{i,t} CONTROL_{it} + \varepsilon_t \qquad (2-5)$$

其中，R_t 为第 t 月的投资组合收益率，$Disg_{t-1}$ 为（$t-1$）月的投资组合异质信念程度，$CONTROL_{it}$ 为回归中各个的控制变量。

根据表 2－8 的结果，我们发现在对于高系统性风险投资组合的投资者异质信念与下期股票收益呈显著负相关，而这种现象在低 *Beta* 股票的投资组合中并不显著。这意味着，对于高风险股票，较高的投资者异质信念程度将降低其未来收益率，并且随着系统性风险水平的提升，投资者异质信念对投资组合未来收益率的影响也逐渐提高。也就是说，高风险投资组合对于投资者异质信念更为敏感，也解释了为什么高风险资产的收益溢价与 *CAPM* 均衡模型得到的溢价更低。这一结论与前人文献中所提出的高 *Beta* 股票容易被高估，导致未来收益率低的结论相应。同时与表 2－7 的结论能够相互印证。

表 2－8　　Beta 投资组合下投资者异质信念与股票收益

变量	*Low Beta* 组		*Beta* 组 2		*Beta* 组 3		*Beta* 组 4		*High Beta* 组	
	(1)	(2)	(3)	(4)	(5)	(6)	(7)	(8)	(9)	(10)
Disg(*t*－1)	0.001	－0.01	0.01	0.00	0.001	－0.003	－0.01	－0.003	－0.02	－0.01
	(0.16)	(－1.61)	(1.02)	(0.08)	(0.15)	(－0.78)	(－2.50)	(－2.07)	(－6.77)	(－4.20)
Size		2.44		1.97		3.20		4.50		7.35
		(8.16)		(11.3)		(12.25)		(10.44)		(12.07)
Illiq		0.01		0.004		0.01		0.02		0.02
		(5.19)		(9.73)		(8.20)		(16.69)		(10.49)
P(*t*－1)		－0.00		－0.002		－0.001		－0.00		－0.00
		(－8.60)		(－16.46)		(－12.28)		(－6.24)		(－3.53)
B/M		－0.03		－0.08		－0.06		－0.07		－0.05
		(－11.79)		(－20.10)		(－8.35)		(－7.09)		(－6.09)
constant	0.02	0.16	0.02	0.17	0.02	0.39	0.02	0.42	0.03	0.56
	(4.07)	(5.73)	(14.08)	(19.46)	(4.96)	(8.50)	(3.40)	(15.53)	(3.27)	(9.02)

注：采用 Fama－Macbeth（1973）[86] 回归方法，结果经过 Newey－West 调整。其中 *Disg*(*t*－1）为样本股第（*t*－1）个月的投资者异质信念，具体构造方法参考 Yu（2011）[22]。*Size* 为股票月流通股市值的对数。*Illiq* 为非流动性指标，具体构造方法参考 Amihud（2002）[85]。*P*(*t*－1）为 *t*－1 月末收盘价。*B/M* 代表账面市值比指标，为月末收益率与月末收盘价的比值。括号中为显著性 *t* 统计量。

但是与前人结论不同的是，我们发现投资者异质信念对于较低 *Beta* 的投资组合的收益并不存在显著影响，由于这种不显著关系在市场中的抵消作用，因而解释了在表 2－3 中的 *Pearson* 相关性检验里为何收益率与投资者异质信念不存在显著相关关系。

本书认为当投资者异质信念水平较高时，通常处于市场整体不确定较大时期，如果将投资者异质信念看作是一种不确定性时，那么作为额外的风险，投资者应该会要求更高的风险溢价作为补偿，但是从本书回归结果来看，对于高风险股票而言，投资者异质信念却降低了股票的风险溢价，Miller（1977）[13]认为，乐观投资者愿意在股票高涨期间承担增加的风险，可见在卖空限制条件下，乐观投资者对于高风险资产的需求度要高于悲观投资者，导致了股票更容易被高估，未来收益也会随着分歧程度的增加而减小。但是投资者异质信念对于较低 *Beta* 的投资组合的收益并不存在显著影响，可能低风险投资组更容易被风险厌恶程度较高的理性投资者所需求。

2.4 本章小结

本书通过一系列检验证明了投资者异质信念与股票系统性风险指标 *Beta* 与股票收益率及超额收益率的关系。当投资者中存在异质信念时，对于高 *Beta* 投资组合，其投资者异质信念程度要高于低 *Beta* 投资组合的异质信念程度，可见 *Beta* 放大了投资者的异质信念，这一结论与 Miller（1977）[13]保持一致。同时由于卖空限制，当存在程度较高的投资者异质信念程度时，由于悲观投资者无法进入市场，股票掌握在乐观投资者手中，此时较大的意见分歧导致相较于低 *Beta* 投资组合，高 *Beta* 投资组合的股票价格被过高估计，因此，高 *Beta* 投资组合收益率低于低 *Beta* 投资组合。而当市场投资者异质信念程度较低时，此时投资者之间的信念较为一致，理性投资者占主导，此时随着投资组合 *Beta* 的增加，投资者对于风险补偿要求逐渐增加，因此股票收益增加。另外高 *Beta* 投资组合的收益率在低投资者异质信念时期（正常分歧时期）普遍高于高投资者异质信念时期；低 *Beta* 投资组合的收益率则在高投资者异质信念时期高于低投资者异质信念时期。最后对于高 *Beta* 投资组合，投资者的异质信念会降低其未来收益，且随着异质信念程度的增加，投资组合的收益对异质信念的敏感度越大。

可见，对于高风险资产而言，乐观投资者的需求度要高于悲观投资者，导致了股票更容易被高估，未来收益也会随着分歧程度的增加而减小（Hong 和 Sraer，2016[80]；Scheinkman 和 Xiong，2003[21]）。但是投资者异质信念对

于较低 *Beta* 的投资组合的收益并不存在显著影响，可能低风险投资组更容易被风险厌恶程度较高的理性投资者所需求。

本章结论表明，传统金融理论中的“高风险匹配高收益”并不是一种绝对的投资理念，应积极寻找合理有效的投资方法。对于监管部门而言，通过监督上市公司发布定期真实可靠的公告等方法提高上市公司环境信息透明度，减少投资者对于公司未来的不确定性。同时，应该着力改善投资者结构，培养成熟的个人投资者，树立长期价值投资的理念。我国股票市场个人投资者比例长期偏高以及投资行为缺乏理性是导致我国股票市场意见分歧严重的主要原因。虽然目前投资者结构正逐步向多元化及专业化发展，但在资金规模上，中小投资者仍然是绝对的主力。此外，还要积极主动对投资者提供专业教育培训，以提高投资者专业能力素养，培养其长期价值投资的理念，加强个人投资者对风险的认识和投资水平。

第 3 章　投资者异质信念与资产价格的研究

3.1　投资者异质先验信念对资产定价偏差影响

3.1.1　引言

经典资产定价模型主要基于假设投资者是同质且理性的，这就意味着他们会随时更新他们的信念并且准确的表达（Barberis 和 Thaler，2003[87]）。但是由于一些金融异象的发现，学术界逐渐认清投资者并不是完全理性的，投资者之间的异质信念导致这些异象在传统框架下无法很好的被解释，随后发展起来的行为金融及投资者异质性思想逐渐被学术界所认可并得到发展，逐渐有学者对投资者的信念异质性进行研究。在研究中，人们不断发现投资者的信念会受到很多因素的影响，如先验的异质性、信息不对称或是认知偏差等，而本章就在投资者先验的异质信念基础上研究投资者异质信念与风险资产定价偏差之间的关系。

先验信念就是指投资者由于自身素质或过往经历使其对某资产产生判断的差异。Hong 和 Stein（2007）[12]认为即使投资者手中有所有的公共信息，并且能够投入全部注意力在这些公共信息上，他们对于股票基本价值的判断仍然是不尽相同的，因为每个人的先验信念是不同的。早期的异质信念模型 Miller（1977）[13]认为投资者由于异质的先验信念使市场上同时存在乐观与悲观两类投资者，而在卖空限制的假设下，悲观投资者无法进入市场，因此股票价格主要反映了乐观投资者的信念，造成了股票价格相对于真实价值的偏离。Harris 和 Raviv（1993）[19] 也从先验信念角度解释了交易量的产生及其与股票价格之间的关系。他们假设两组投资者风险中性，且对于信息的好坏判断一致，但在程度上存在分歧，其导致的结果就是股票始终被乐观投资者所持有。在两组投资者信念更新的过程，他们的乐观程度也发生变化。

前人文献在研究投资者对于公司价值的异质信念时通常从乐观与悲观两类投资者的情绪均值角度来估计投资者信念异质程度，本书通过理论模型发现乐观投资者及悲观投资者的情绪分布也是影响股票价格的重要因素。通过建立一个异质投资者模型，在模型中由于投资者的异质先验信念从而对同一条公开信息具有不同的解读，本书根据投资者对公开信息的解读倾向分成：乐观（积极）投资者组和悲观（消极）投资者组。通过模型推导，本书发现在公司盈余公告发布前的乐观投资者情绪分布和悲观投资者情绪分布的比值与公司价格是否被高估（低估）存在关系。同时我们也通过实证检验对模型结果进行验证。

本章研究便是通过建立了一个异质投资者交易的两阶段模型，将投资者对公开信息解读后所更新的信念方向分为两类，一类表现为持乐观态度的投资者，一类则表现为持悲观态度的投资者。两类投资者由于对公开信息解读的不同即便对资产持有相同的未来预期方向，但是预期偏差程度不同，这就造成了不同类别投资者内部同样存在信念上的差异，而这在以往的文献中很少有提到，因此我们的研究强调了乐观/悲观群体的情绪分布对资产定价偏差的影响，并且在中国市场找到了实证证据的支持。我们的结论拓展了对投资者异质信念和资产定价偏差之间关系的理解。

3.1.2 模型的建立及均衡

模型建立在一个纯粹信息交易的股票市场之上，在市场中存在大量公开交易的交易者，投资者会获得市场中关于公司的公开信息（新闻等），假定市场中不存在私有信息，因此所有投资者的信息水平是一致的，但投资者先验的信念异质使他们对于相同公开信息会得到不同的解读结论，并做出不同的投资决策，这种异质的信息解读也为交易提供了前提条件。

模型共有两期，投资者在第一期进行交易，第二期盈余公告发布，风险资产实现其资产价值。市场中同时存在两种资产，分别是无风险资产和风险资产，其中无风险资产可看作是无风险债券，价格为1，收益为0。风险资产可以看作是股票等收益不确定且风险较高的资产，其收益为一个随机变量，记作 $\tilde{u}$ ，其价值在第二期实现。假设 $\tilde{u}$ 是服从均值为$\bar{u}$，精确度（方差的倒数）为 h 的正态分布。

依据前提市场设定，我们假设在市场中存在两类投资者①，一类是乐观投资者 i，这类投资者对该风险资产的乐观信念使他们在解读该风险资产的相关信息时容易持有积极心态，H_I 是乐观投资者人数占总投资者人数的比率；另一类是悲观投资者 j，这类投资者对该风险资产的悲观信念使他们在解读该风险资产的相关信息时容易持有消极心态，H_J 是悲观投资者占交易人数的比率。因此有 $H_I+H_J=1$。乐观投资者 i 在第一期初持有 E_i 的无风险资产以及 x_i 的风险资产，悲观投资者 j 在第一期初持有 E_j 的无风险资产以及 x_j 的风险资产。市场总风险资产持有量记作 $x=\int x_i d_i+\int x_j d_j$， x 服从于均值为0，精度为 t 的正态分布。

在第一期，两类投资者同时观测到一个公共信号（Signal），但是由于两类投资者的情绪偏差导致他们对股票价值具有不同的解读。乐观投资者 i 拥有一个对于该公共信号的解释方程 $y_i=u+\eta_i$，其中解释噪音 η_i 独立且正态分布，分布形式为 $\eta_i \sim N$（e_i，$1/m_i$），由于该解释方程中的投资者均为乐观投资者，因此我们假设他们对于信息的解读应该是在资产价值的基础上加上一个均值大于0的解读偏差，因此 $e_i>0$。悲观投资者 j 拥有一个解释方程 $y_j=u+\varepsilon_j$，其中悲观投资者的解释噪音 ε_j 独立且正态分布，分布形式为 $\varepsilon_j \sim N$（e_j，$1/n_j$），由于该解释方程中的投资者均为消极的悲观投资者，因此我们假设他们对于信息的解释应该是在资产价值的基础上加上一个均值小于0的解

① 通常将投资者分为乐观、悲观及中性投资者，在本书中由于中性投资者对公开信息不存在任何的解读偏差，因此为了简化模型，故本书模型中不考虑中性投资者问题。

读偏差，即 $e_j<0$。模型中假设 m_i 和 n_j 是独立于投资者。根据模型的设定我们将方差的倒数理解为精度（Precision），即投资者内部对于信息理解的集中度，由此可以认为 m_i 和 n_j 越大，两类投资者内部对于公开信息的解释精确度越高，异质信念越小，意见越统一，反之则两类投资者内部的异质信念越大。我们假设在模型中的所有变量都是相互独立的，在模型第一期的最后，投资者在竞争的市场环境下买卖证券。

在模型的第二期，风险资产的收益（资产的真正价值）在盈余公告公布时实现，此时乐观和悲观投资者将依据资产的真正价值和第一期价格计算自己的盈亏。我们假设乐观投资者以及悲观投资者均为风险厌恶型投资者，根据自己的信息用负指数效用函数期望最大化为原则进行投资决策，其风险厌恶系数分别为 r_i 和 r_j，通过负指数效用函数来拟合本模型中的两类投资者风险厌恶型投资者的效用，我们分别对两类投资者的财富形式进行设定：

①乐观投资者 i 的财富效用表达形式为：

$$\begin{aligned} W_i &= E_i + P_1x_i + (u - P_1)D_i \\ U(W_i) &= -\exp(-(W_i/r_i)) \end{aligned} \tag{3-1}$$

②悲观投资者 j 的财富效用表达形式为：

$$\begin{aligned} W_j &= E_j + P_1x_j + (u - P_1)D_j \\ U(W_j) &= -\exp(-(W_j/r_j)) \end{aligned} \tag{3-2}$$

其中，W_i 和 W_j 分别表示乐观投资者 i 和悲观投资者 j 的最终财富，以乐观投资者 i 为例，由于无风险资产收益为 0，根据模型设定，投资者禀赋价值为 $P_1x_i+E_i$，持有风险资产需求量的成本为 P_1D_i，风险资产回报为 uD_i，因此根据公开信息可以得到财富最终表达形式为无风险资产、风险资产及风险资产收益之和即 $W_i=E_i+P_1x_i+(u-P_1)D_i$。$U(W_i)$ 和 $U(W_j)$ 代表两类投资者最终财富，用负指数效用函数表达，由公式（3－1）及公式（3－2）可知财富效用函数为关于财富 W 的凹性效用函数，因此投资者的效用随着财富 W 的增加而增加，但随着效用的增加其递增程度逐渐减小。第一期结束后的风险资产价格为 P_1，两类投资者在第一期结束后所期望购买的风险资产数量分别记为 D_i 和 D_j。公开盈余公告发布当日的风险资产价值用 u 表示。

由于投资者之间异质的风险厌恶水平和先验信念，市场中的交易者对于同一公开信息将会有不同的解读，且这种自身对于信息的不同解读带有不同程度的情绪倾向。在观察到公开信号后，投资者依据对信息解读的结果开始进行交易。这时每一位投资者都会意识到第一期风险资产价格 P_1 包含并反映了其他交易者所拥有的信息及对于信息的解读程度。此时，假设投资者都是追求自我实现（Self－Fulfilling）的，根据理性预期模型，第一期末价格 P_1 与市场信息之间的关系用线性表达可以表示为：

$$\begin{aligned} P_1 &= \partial\bar{u} + H_I\beta_1\int y_i d_i + H_J\beta_2\int y_j d_j - \gamma x \\ &= \partial\bar{u} + H_I\beta_1 u + H_I\beta_1 e_I + H_J\beta_2 u + H_J\beta_2 e_J - \gamma x \\ &= \partial\bar{u} + (H_I\beta_1 + H_J\beta_2)u + H_I\beta_1 e_I + H_J\beta_2 e_J - \gamma x \end{aligned} \tag{3-3}$$

在得到第一期末的推测价格后，投资者将需要决定期末风险资产的持仓量。而这与两类投资者对于信息的解释方程 y_i、y_j 以及期末价格 P_1 有关。且由于公开信号的解读均可以写作正态分布方程形式，$y_i = u + \eta_i$，$y_j = u + \varepsilon_j$，因此根据理性预期均衡关于资产价值 u 除去公开信息后的其他信息 q 可以写作如下形式：

$$q = \frac{1}{H_I\beta_1 + H_J\beta_2}(P_1 - \partial\bar{u}) = u + \frac{H_I\beta_1 e_I + H_J\beta_2 e_J}{H_I\beta_1 + H_J\beta_2} - \frac{\gamma}{H_I\beta_1 + H_J\beta_2}x \tag{3-4}$$

其中，简化公式（3－4）为如下形式：

$$B \equiv \frac{\gamma}{H_I\beta_1 + H_J\beta_2} \tag{3-5}$$

$$q = \frac{1}{H_I\beta_1 + H_J\beta_2}(P_1 - \partial\bar{u}) = u + \frac{H_I\beta_1 e_I + H_J\beta_2 e_J}{H_I\beta_1 + H_J\beta_2} - Bx \tag{3-6}$$

由此可以得到，三个信息解释精度分别为 m，n 以及 t/B^2，同时由公式（3－6）可以得到信息解释集 $\{y_i, y_j, q\}$ 等同于 $\{y_i, y_j, P_1\}$，投资者再根据公开信息和其他信息进行决策时等同于根据公开信息及资产价格进行的决策。几个信息集误差项相互独立，可得到两类投资者预期的精度以及公司价值分别为：

$$
\begin{aligned}
K_i &= Var^{-1}(u \mid y_i, P_1)\mu_i = E(u \mid y_i, P_1) \\
&= Var^{-1}(u \mid y_i, q) \qquad = E(u \mid y_i, q) \\
&= h + m_i + \frac{t}{B^2} \qquad = \frac{h\bar{u} + m_i y_i + (t/B^2)q}{h + m_i + (t/B^2)}
\end{aligned} \tag{3-7}
$$

$$K_I = h + m + \frac{t}{B^2}$$

$$
\begin{aligned}
K_j &= Var^{-1}(u \mid y_j, P_1)\mu_j = E(u \mid y_j, P_1) \\
&= Var^{-1}(u \mid y_j, q) \qquad = E(u \mid y_j, q) \\
&= h + n_j + \frac{t}{B^2} \qquad = \frac{h\bar{u} + n_j y_j + (t/B^2)q}{h + n_j + (t/B^2)}
\end{aligned} \tag{3-8}
$$

$$K_J = h + n + \frac{t}{B^2}$$

其中，K_i 表示乐观投资者 i 在第一期末基于公开信息对资产价格的预期精度，K_j 表示悲观投资者 j 在第一期末基于公开信息对资产价格的预期精度。两类投资者在第一期末的股票价值的后验预期为 μ_i 和 μ_j，分别表示为用预期精度作为权重的资产价值和所获得信息解释程度的平均值。

根据第一期的价格以及投资者在第一期所掌握的信息，市场中的投资者需要决定期末的持仓量，其中 D_i 表示乐观投资者的持仓量，D_j 为悲观投资者的持仓量。结合负指数效用函数，我们可以得到乐观投资者财富的期望效用方程：

$$
\begin{aligned}
& E[U(W_i) \mid y_i, P_1] \\
&= E\{U(E_i + P_1 x_i + (u - P_1)D_i) \mid y_i, P_1\} \\
&= -exp\{-[E_i + P_1 x_i + (u - P_1)D_i]/r_i \mid y_i, P_1\} \qquad (3-9) \\
&= -\exp\{-\frac{1}{r_i}E_i - \frac{1}{r_i}P_1 x_i + \frac{1}{r_i}P_1 D_i - \frac{1}{r_i}E[u \mid y_i, P_1] + \frac{1}{2r_i^{\ 2}}D_i^{\ 2}Var[u \mid y_i, P_1]\}
\end{aligned}
$$

同理，悲观投资者的财富期望效用函数表述为：

$$
\begin{aligned}
& E[U(W_j) \mid y_j, P_1] \\
&= E\{U(E_j + P_1 x_j + (u - P_1)D_j) \mid y_j, P_1\} \\
&= -\exp\{-[E_j + P_1 x_j + (u - P_1)D_j]/r_j \mid y_j, P_1\} \qquad (3-10) \\
&= -\exp\{-\frac{1}{r_j}E_j - \frac{1}{r_j}P_1 x_j + \frac{1}{r_j}P_1 D_j - \frac{1}{r_j}E[u \mid y_j, P_1] + \frac{1}{2r_j^{\ 2}}D_j^{\ 2}Var[u \mid y_j, P_1]\}
\end{aligned}
$$

根据最优资产组合选择理论，投资者会追求期望效用最大化，因此对于 D_i 与 D_j 的选取有：

$$D_i = r_i \frac{E[u \mid y_i, P_1] - P_1}{Var[u \mid y_i, P_1]} = r_i K_i(\mu_i - P_1) \quad (3-11)$$

$$D_j = r_i \frac{E[u \mid y_j, P_1] - P_1}{Var[u \mid y_j, P_1]} = r_j K_j(\mu_j - P_1) \quad (3-12)$$

从公式（3－11）与公式（3－12）可以看出，投资者对于风险资产的需求取决于投资者风险厌恶程度、公开信息、投资者对于价值的预期、一期末资产价格以及投资者对于资产预期的精度几个方面。基于公式（3－7）与公式（3－8）对于投资者预测资产价值及预测精度的推导，可以得到：

$$D_i = r_i[h\bar{u} + m_i y_i + (t/B^2)q - K_i P_1] \quad (3-13)$$

$$D_j = r_j[h\bar{u} + m_j y_j + (t/B^2)q - K_j P_j] \quad (3-14)$$

由此可以看出投资者在调整预期时需要考虑他们的风险厌恶程度、公开信息、公司价值的后验预期以及均衡价格，其中均衡价格可以通过其他信息集 q 来间接考虑。

根据市场出清条件，市场中的风险资产总供给与总需求应该相等，即保持均衡条件 $x=\int D_i+\int D_j$，假设两类投资者总风险厌恶程度相同 $r\equiv \sum r_i d_i \equiv \sum r_j d_j$，则有：

$$\begin{aligned} x &= D_1 \\ &= \int_0^{H_I} D_i d_i + \int_0^{H_J} D_j d_j \\ &= H_I \int r_i[h\bar{u} + m_i y_i + (t/B^2)q - K_i P_1] d_i + H_J \int r_j [h\bar{u} + n_j y_j + (t/B^2)q - K_j P_1] d_j \\ &= r \left\{ \begin{array}{l} h\bar{u} + [H_I m + H_J n + (t/B^2)]u + \left[H_I m + (t/B^2)\dfrac{H_I\beta_1}{H_I\beta_1 + H_J\beta_2}\right] e_I + \\ \left[H_J n + (t/B^2)\dfrac{H_J\beta_2}{H_I\beta_1 + H_J\beta_2}\right] e_J - (t/B)x - (H_I K_I + H_J K_J) P_1 \end{array} \right\} \end{aligned} \quad (3-15)$$

根据公式（3－15）推导出来的均衡方程，可以得到价格 P_1 新的形式：

$$P_1 = \frac{1}{H_IK_I + H_JK_J}\left\{\begin{array}{l} h\bar{u} + [H_Im + H_Jn + (t/B^2)]u + \\ \left[H_Im + (t/B^2)\dfrac{H_I\beta_1}{H_I\beta_1 + H_J\beta_2}\right]e_I + \\ \left[H_Jn + (t/B^2)\dfrac{H_J\beta_2}{H_I\beta_1 + H_J\beta_2}\right]e_J - \left(\dfrac{1}{r} + t/B\right)x \end{array}\right\} \quad (3-16)$$

通过对比资产价格 P_1 的公式（3－3）及公式（3－16）的两种形式，可以得到：

$$\partial = \frac{h}{H_IK_I + H_JK_J}，\ H_I\beta_1 + H_J\beta_2 = \frac{H_Im + H_Jn + (t/B^2)}{H_IK_I + H_JK_J}$$

$$\gamma = \frac{\frac{1}{r} + t/B}{H_IK_I + H_JK_J}，\ H_I\beta_1 = \frac{H_Im(H_Im + H_Jn + (t/B^2))}{(H_IK_I + H_JK_J)(H_Im + H_Jn)} \quad (3-17)$$

$$H_J\beta_2 = \frac{H_Jn(H_Im + H_Jn + (t/B^2))}{(H_IK_I + H_JK_J)(H_Im + H_Jn)}$$

重新书写均衡价格 P_1 即：

$$P_1 = \frac{h}{H_IK_I + H_JK_J}\bar{u} + \frac{H_Im + H_Jn + (t/B^2)}{H_IK_I + H_JK_J}u + \frac{H_Im(H_Im + H_Jn + (t/B^2))}{(H_IK_I + H_JK_J)(H_Im + H_Jn)}e_I +$$

$$\frac{H_Jn(H_Im + H_Jn + (t/B^2))}{(H_IK_I + H_JK_J)(H_Im + H_Jn)}e_J - \frac{\frac{1}{r} + t/B}{H_IK_I + H_JK_J}x \quad (3-18)$$

3.1.3 异质信念对定价偏差的影响

在第一期中，投资者根据公开信息以及价格信号形成了理性预期均衡价格 P_1，在第二期时公司盈余公告发布，资产价值实现，我们可以通过资产价值 u 与价格 P_1 之间的差异得到资产被高估/低估的条件为：

$$E(u - P_1) = -\frac{1 + \dfrac{t/B^2}{H_Im + H_Jn}}{H_IK_I + H_JK_J}(H_Ime_I + H_Jne_J) \quad (3-19)$$

根据公式（3－5）以及公式（3－17），可以得到：

$$B = \frac{1}{r(H_Im + H_Jn)} \quad (3-20)$$

得到资产被高估/低估的条件形式：

$$E(u-P_1)=-\frac{1+tr^2(H_Im+H_Jn)}{H_IK_I+H_JK_J}(H_Ime_I+H_Jne_J) \qquad (3-21)$$

可以看出资产被高估/低估与两类投资者的占比、绝对风险厌恶系数、两类投资者群体情绪分布、两类投资者集合情绪以及对资产价值预期的精度均有关系。其中绝对风险厌恶系数、资产供给分布均外生给定。

根据预期收益公式（3-21），通过对两类投资者的情绪分布（$1/m$ 和 $1/n$）取值的假设限定来验证投资者情绪分布与定价偏差之间的关系：

情况1：如果两类投资者内部情绪分布相同，$1/m=1/n=M$，即乐观投资者内部的异质信念程度与悲观投资者内部异质信念程度相同，则股价偏差方程形式如下：

$$E(u-P_1)=-\frac{1+tr^2M^2}{H_IK_I+H_JK_J}(H_Ie_I+H_Je_J) \qquad (3-22)$$

从公式（3-22）可以看出，由于 $\frac{1+tr^2M^2}{H_IK_I+H_JK_J}$ 恒大于0，因此括号内 $H_Ie_I+H_Je_J$ 的符号方向将决定偏差的符号方向，因此有：

$$\begin{aligned}&① \text{当} |H_Ie_I|>|H_Je_J|, E(u-P_1)<0\\&② \text{当} |H_Ie_I|=|H_Je_J|, E(u-P_1)=0\\&③ \text{当} |H_Ie_I|<|H_Je_J|, E(u-P_1)>0\end{aligned} \qquad (3-23)$$

当乐观投资者情绪均值按人数加权后的绝对值 $|H_Ie_I|$ 大于悲观投资者情绪均值按人数加权后的绝对值 $|H_Je_J|$ 时，风险资产价格高于资产基本价值，此时，市场普遍对于该风险资产看好，持积极情绪，因此推高资产价格，处于高估状态；当乐观投资者情绪均值按人数加权后的绝对值 $|H_Ie_I|$ 等于悲观投资者情绪均值按人数加权后的绝对值 $|H_Je_J|$ 时，风险资产收益等于0，风险资产价格与其基本价值持平，此时，市场普遍对于该风险资产态度中庸，市场总体看涨情绪与看跌情绪持平；当乐观投资者情绪均值按人数加权后的绝对值 $|H_Ie_I|$ 小于悲观投资者情绪均值按人数加权后的绝对值 $|H_Je_J|$ 时，风险资产价格低于资产基本价值，此时市场普遍不看好该风险资产，总体表现

出消极情绪，导致风险资产价格偏低，使得风险资产处于被低估状态。这一结论与传统金融理论与行为金融理论中研究投资者情绪与股票收益相关结论保持一致（Baker 和 Stein，2004[88]；Brown 和 Cliff，2005[89]；Cornelli，Goldreich 和 Ljungqvist，2006[90]；Baker 和 Wurgler，2007[92]等文章）。这些文章从理论以及实证等角度发现市场情绪的整体高涨或低迷导致了股票被高估或低估。

但这种情况 1 必须依赖于两类投资者的情绪分布相同的前提假设。因此本书重点关注情况 2 的情形。

情况 2：如果两类投资者群体的情绪分布不相同，$1/m \neq 1/n$，即乐观投资者的内部异质信念程度与悲观投资者内部的异质信念程度不同，则根据定价偏差公式（3－22）可以得到括号内 $H_I me_I + H_J ne_J$ 的符号方向将决定偏差的符号方向，因此则有：

$$
\begin{aligned}
&① \frac{m}{n} > \frac{|H_J e_J|}{|H_I e_I|}, E(u - P_1) < 0 \\
&② \frac{m}{n} = \frac{|H_J e_J|}{|H_I e_I|}, E(u - P_1) = 0 \qquad (3-24) \\
&③ \frac{m}{n} < \frac{|H_J e_J|}{|H_I e_I|}, E(u - P_1) > 0
\end{aligned}
$$

公式（3－24）的三种情况显示，当两类投资者群体内部的异质信念程度不同时，股票偏差与两类投资者内部对公开信息解释的异质程度 $1/m$ 和 $1/n$，两类投资者人数占比 H_I 和 H_J 以及两类投资者的对公开信息的平均解释程度 e_I 和 e_J 有关。当乐观投资者内部情绪分布与悲观投资者内部情绪分布的比值 $\frac{m}{n}$ 大于悲观投资者情绪均值按人数加权后的绝对值与乐观投资者情绪均值按人数加权后的绝对值的比值 $\frac{|H_J e_J|}{|H_I e_I|}$ 时，风险资产处于被高估状态。而当乐观投资者内部情绪分布与悲观投资者内部情绪分布的比值 $\frac{m}{n}$ 与悲观投资者情绪均值按人数加权后的绝对值与乐观投资者情绪均值按人数加权后的绝对值的比

值$\frac{|H_J e_J|}{|H_I e_I|}$相同时，资产的成交价值与基本价值相同，不存在盈利空间，此时投资者没有动力进行交易。同样，当乐观投资者内部情绪分布与悲观投资者内部情绪的比值$\frac{m}{n}$小于悲观投资者意见均值按人数加权后的绝对值与乐观投资者意见均值按人数加权后的绝对值的比值$\frac{|H_J e_J|}{|H_I e_I|}$时，股票处于被低估状态。

将情况 2 中的第一种和第三种情形与情况 1 中的第一种和第三种情形对比可以发现，当两类投资者群体异质信念程度不同时，两类投资者群体的异质信念 $1/m$ 与 $1/n$ 的差异对风险资产收益的影响程度要大于两类投资者情绪均值 $|H_I e_I|$ 和 $|H_J e_J|$ 对于股票收益的影响。如果市场中两类投资者的异质信念程度的差异大于两类投资者情绪均值的差异程度，即便市场中消极情绪占主导，风险资产仍存在被高估现象，导致未来收益降低；反之，如果市场中两类投资者的异质信念程度的差异小于两类投资者情绪均值加权的差异程度，即便市场中积极情绪占主导，风险资产仍存在被低估现象，导致未来高收益情况。

3.1.4 实证分析

在第二部分我们通过理论模型得到了投资者先验的异质信念对资产定价偏差的影响，本节将通过实证数据对以上结论进行验证。根据 3.1.3 小节模型推导发现，定价偏差与两类投资者内部对公开信息解释的异质程度 $1/m$ 和 $1/n$，两类投资者人数占比 H_I 和 H_J 以及两类投资者对公开信息的平均情绪水平 e_I 和 e_J 有关。当两类投资者群体对公开信息解释的异质程度之比与两类投资者对公开信息的平均情绪水平之比呈一定关系时，资产收益将出现被高估（低估）的现象。基于以上理论结论，本节将实证研究公开信息、投资者异质信念以及风险资产定价偏差的关系。

3.1.4.1 研究样本以及研究数据选取

本书利用了中国市场投资者在互联网媒体中表现出的情绪，并将风险资产选择为中国市场的上市股票。由于中国股票市场是以投资规模小、经验少的个体投资者为主要投资者组成部分，他们在客观上助长了中国股票市场的投机性。由于他们千差万别的先验信念、信息不对称及认知偏差等心理因素使个人投资者几乎不可能对股票未来收益持有相同的判断，因此更可能表现出严重的异质信念现象。因此利用我国股票市场数据对模型结论进行检验具有现实意义上的可行性。

为了测度乐观和悲观投资者群体的情绪水平和分布，因此不同于以往投资者异质信念指标，如分析师盈余预测分歧、换手率、交易量、异常交易量、异常收益率等指标，本书选取中国最大、最活跃的的股吧网站——东方财富旗下股吧（www. guba. eastmoney. com）中的股票论坛发帖来提取投资者的乐观和悲观情绪。近年来，用股吧等互联网大数据平台数据衡量投资者情绪的文章逐渐增加，早在 Wysocki（1999）[65]研究中就开始用网络论坛中的帖子信息进行研究，通过对雅虎财经论坛的研究，发现发帖数量能够预测次日股票的交易量以及超额收益。且发帖数量越多的公司，其市场估值也越大，交易量越大，越容易受到分析师的关注。Glaser、Schmitz 和 Weber（2009）[93]研究中虽没有用股吧信息建立投资者情绪指标，但发现股吧中的发帖量对股票的收益波动性以及股票交易量都有显著影响，也为后续指标建立提供理论支撑。国内研究中，林振兴（2011）[94]通过股吧中的投资者讨论信息进行整理分析，构建了投资者关注度、投资者乐观情绪以及投资者异质信念指标，从而研究投资者情绪与 IPO 抑价之间的关系。随后其他大量基于股吧信息为样本的研究进一步丰富了这一领域的研究内容（乔智、耿志民，2013[95]；施荣盛，2013[96]；石勇、唐静和郭琨，2017[99]；郑瑶、董大勇、朱宏泉，2016[78]；杨晓兰、沈翰彬、祝宇，2016[97]等）

相较于其他异质信念的指标，用股吧帖子的情绪来代表投资者信念的优点在于两个方面，首先是投资者信念捕捉更为精准，据深交所的一项调查表明，受访投资者中 35% 的人会经常浏览股吧以获取信息并表达自己的观点，而在某只股票股吧中发帖或浏览的用户大多为这只股票的投资者或是潜在投资者，这类投资者对这只股票相较于其他用户关注度更高，对于公开信息的获取更为及时，信念更新速度更快。因此对于衡量投资者异质信念是一个非常适合的数据；其次是股吧发帖非常活跃，样本数量足够大，对投资者情绪的衡量更为准确，无论是分析师盈余预测分歧还是换手率、交易量、异常收益率等指标，其发生频次都是有限的，如被大量使用的分析师盈余预测分歧指标，其频率由于数据限制都是月度或是年度的，这就使对投资者异质信念的衡量从时间上不够精准，不能够快速捕捉投资者信念变化，而东方财富股吧由于非常活跃，帖子量非常大，也使样本质量较高。因此，选用股吧的个人投资者发帖内容来衡量投资者异质信念水平是可行且合适的。

我们通过网络爬虫技术抓取了东方财富股吧的发帖数据，内容包括了标题、内容、发表日期、发表用户名以及点击量。表 3 - 1 展示了 2014 年 5 月 23 日的股票万科（000001. SZ）的帖子样例。

表 3 - 1　　东方财富股吧帖子样例——万科（000001. SZ）

标题	日期	用户名	点击量
多头的风向标	2014/5/23	十年零丈夫	1012
阳包阴后期走势	2014/5/23	Lyb116	782
要再次跌破 2000 了!!!	2014/5/23	湖北武汉股友	412
近期可能将下调贷款基准利率	2014/5/23	山东烟台股友	1035
空头今天会满地找牙	2014/5/23	重庆股友	956
撑死胆大的，饿死胆小的	2014/5/23	江苏淮安股友	2387

股票样本选取方面，由于希望保证能够有足够多的帖子来支撑实证分析，通过对股吧帖子分析发现，大市值公司由于关注用户数量大以及公开信息多，更为透明，因此其帖子数量普遍高于小市值公司。由此为了保证投资者信念样本数量，本书选取沪深 300 指数成分股为研究样本，原因在于沪深 300 指数的成分股选择标准非常严格，从规模和流动性两个标准选择成分股，赋予流动性更大的权重，防止加入市场表现明显收到操纵的股票。因此保证了指数的稳定性、代表性，使样本股票的定价不会受到小市值公司效应和流动性效应的影响。在剔除掉沪深 300 成分股中相关数据不全或是异常的股票后，该实证研究最终样本数为 267 只股票，研究时间段受股吧后台对于网络爬取的限制控制在 2011—2014 年。267 只股票在样本期内约有 1085 万条帖子。将

沪深A股市场所有股票与样本股在2011—2014年表现情况分别进行描述统计，具体如表3-2所示。

表3-2　沪深A股市场总体描述统计情况与样本股描述统计情况

变量	收益（%）	市值（十亿元）	B/M（%）	帖子数（千）	点击量（百万次）
A. 沪深A股市场总体描述统计情况					
平均值	-0.006	9.245	0.423	10.564	15.842
中间值	-0.002	2.703	0.379	4.641	7.807
标准差	1.097	43.692	0.253	17.193	30.197
最大值	4.348	1727.649	3.900	223.540	731.877
最小值	-5.277	0.005	0.0001	0	0
B. 样本股描述统计情况					
平均值	-0.033	40.570	0.578	11.997	12.297
中间值	-0.037	15.500	0.533	11.034	11.508
标准差	2.132	119.840	0.296	3.079	5.021
最大值	9.677	1483.860	1.731	21.360	25.371
最小值	-8.567	2.890	0.082	5.245	3.277

从表3-2可以看出来，样本股市值较A股总体市场来看偏高，多为大市值股票，同时股票帖子数以及点击量巨大，说明投资者关注度高且活跃，与股票市场关系紧密，能够主动关注市场动态调整投资决策。同时从样本股平均发帖数约为1.2万条，平均点击数1200多万次可以得到，平均每条约有1026个投资者阅读过。足以见得样本股贴吧的活跃程度。

（1）乐观/悲观投资者情绪及其分布的测度

随着互联网的发展与普及，投资者开始选择在互联网上寻找与股票市场的信息，且随着网络论坛等交流平台的兴起，越来越多的带有主观色彩的言论评价可以与其他投资者共享，投资者们有了一个新的途径来交流以及抒发自己对于股票的分析判断，这些言论文本中包含这大量的主观信息，反映着投资者的实时信念，因此对这些文本的情感分析有着很重要的现实意义。

文本情感分析又称意见挖掘技术，它是数据挖掘和计算机语言学的一个分支，是一种对网上各种新闻资源、社会媒体评论和其他用户生成内容进行提取、分析、处理、归纳和推理的技术（陆文星和王燕飞，2012[98]），文本情感分析多应用计算机信息挖掘以及媒体等其他领域，随着互联网信息对股票市场影响的加深，这类技术开始被引入金融分析中来。通常一个完整的文本情感分析包括3个主要层次，首先从网络上获取到原始材料，这种原始材料可以是整篇文章，也可以是一段话甚至是一个句子或一个词语，通过将材料中的信息进行主客观分离，可以有效的提取主观信息以及客观信息，并且提高了分析的精确度；其次是对指定文本进行情感倾向的分析，主要对包含主观色彩的文本从技术层面判断其情感的倾向方向及程度，从而得到情感分析的结果；最后，则是将得出的结果应用与各个领域，如媒体分析，信息预测或是市场预测等相关领域。

中文的文本情感分析通常包括两步，分别是词语分割与情感分类。英文的词语分割较中文有着得天独厚的优势，首先是英文本身的语句组成方式中就是一空格作为自然分界符的，再有便是中文词语的组成方式较英文更为复杂。通常一个中文词语会由2~4个字组成，而每一个字虽然有其自己的含义，但几个字组合在一起的词语含义却不一定是其中任何一个字的意思，如“多头”意味着投资者对市场看好，并认为股票价格会涨，但是拆开看“多”后者是“头”均没有这个意思，因此在分词的时候需要注意选取合适的方式进行分割能够准确捕捉词义。本书选用“FudanNLP－1.6.1”软件作为样本信息的词语分割工具，FudanNLP是一款基于TextRank算法的主要为中文自然语言处理而开发的开源工具包，能够处理中文自然语言处理的经典问题，包括：分词、词性标注、句法分析、实体名识别等。因此这一工具包也被广泛应用在其他关于中文语言处理的研究中，如佟林（2015）[100]，郭旦怀，崔文娟和郭云昌等（2015）[101]，任青（2013）[102]。

基于本研究中大量的开源信息样本，因此手动分类文本情绪不但不现实，更重要的是由于人与人的意见差异导致无法对这些信息做到精准分类。为了更好地量化股吧中每条帖子的情绪值，本书利用汉语分词处理器和情绪词典，将所有帖子标题按照情绪倾向分三类 $sentiment \in \{Optimistic, Neutral, Passimistic\}$。本书之所以选择帖子标题进行分类旨在通过对股吧帖子的观察发现，大多数帖子标题都会包含帖子内容的情感，发帖用户倾向于直接在标题中表达与抒发自己的情绪，因此标题内容与帖子内容的情绪方向一致。本书依据 *Antweiler* 和 *Frank*（2004）[69] 和 Feng 和 He 等（2015）[103] 两篇文章的方法，选取 Feng 和 He 等（2015）[103] 中所采用的中文词典，该词典的基础是 HowNet 中文情绪词典以及 MBAlib 中 219 个股市专用词汇，以及从股吧论坛获得的 1043 个互联网股票论坛专用词汇，最终词典包括 5262 个关键情绪词汇，并对 5000 条随机挑选的样本进行手工分类作为分类器的训练。

根据 Feng 和 He 等（2015）[103] 中对该分类器精度的检验，发现容量为 5000 的样本内测试精度可达 85.4%，说明该分类器在中文文本分析中保持了一个很高的精度水平，并且比之前英文股票论坛文本分析的正确率要高（如 Das 和 Chen，2007[75]），且将正向情绪错误识别为负向情绪（或者相反）的误差很低（小于 0.2%）。

在对本书样本内全部帖子按照分类器进行分类后，得到每条贴子中所反映的发帖人的情绪程度，即每条帖子中所有乐观关键词个数（$KW^{optimistic}$）与负向关键词个数（$KW^{pessimistic}$）之差与帖子全部关键词数的比值：

$$sentiment = \frac{KW^{optimistic} - KW^{pessimistic}}{KW^{optimistic} + KW^{pessimistic} + KW^{neutral}} \tag{3-25}$$

同时，我们还假设投资者表达乐观/悲观情绪的程度不仅与关键词数量有关，还与当天所有表达情绪的群体数量有关。如果在某个交易日有大量投资者都表达了某个情感，那么其中单个投资者的情感表达程度比表达者稀少时会有一个折扣。因此我们将公式（3-25）以股票 s 在样本期中第 t 天所有该类情感的帖子总数（L）作为权重，得到最终的帖子情绪值形式为：

$$sentiment = \frac{KW^{optimistic} - KW^{pessimistic}}{(KW^{optimistic} + KW^{pessimistic} + KW^{neutral}) \times L} \tag{3-26}$$

根据模型的设定，我们将股票 s 样本期内每一个半年公告发布日前 T 天的帖子按照情绪倾向分为乐观情绪组以及悲观情绪组，然后分别计算乐观情绪组和悲观情绪组的方差作为该公告发布日前对于股票 s 而言乐观投资者的情绪分布以及悲观投资者的情绪分布，计算公式如下：

$$D_{s,T}^{optimistic} = Var(sentiment_{optimisitic}), T = 30,60,90 \tag{3-27}$$

$$D_{s,T}^{pessimistic} = Var(sentiment_{pessimistic}), T = 30,60,90 \tag{3-28}$$

其中，$D_{s,T}^{optimistic}$ 表示股票 s 在 T 天内所有乐观帖子情绪值的方差，即该股乐观投资者的情绪分布。$D_{s,T}^{pessimistic}$ 表示股票 s 在 T 天所有悲观帖子情绪值的方差，即该股悲观投资者的情绪分布。$sentiment_{optimisitic}$ 表示乐观情绪组，包含 T 天内股票 s 的所有乐观帖子，$sentiment_{pessimistic}$ 表示悲观情绪组，包含 T 天内股票 s 的所有悲观帖子。

（2）公司基本价值的计算

本书公司基本价值（Fundamental Value）的计算参照 Frankel 和 Lee（1998）[104]中的方法。该估值方法选择 Ohlson（1990，1995）[105,106]的剩余收益折现模型（Discounted Residual Income Model）为基础，在这种方法下，股票的基本价值（内在价值）定义成基于现有信息的未来股息的折现，即：

$$V_t = \sum_{i=1}^{\infty} \frac{E_t(D_{t+i})}{(1 + r_e)^i} \tag{3-29}$$

其中，V_t 表示 t 时期股票的基本价值，$E_t(D_{t+i})$，$i = 1,2,\cdots,n$ 表示未来的预期利息，r_e 表示股票资本成本。另外，假设遵循净盈余关系，除了企业和股东之间的交易，股权账面价值的所有变化都反映在利润中，那么一个企业基本价值可以写作股票账面价值加上未来预期剩余股息的折现，具体形式为：

$$\begin{aligned} V_t &= BV_t + \sum_{i=1}^{\infty} \frac{E_t[NI_{t+i} - (r_e BV_{t+i-1})]}{(1 + r_e)^i} \\ &= BV_t + \sum_{i=1}^{\infty} \frac{E_t[(ROE_{t+i} - r_e)BV_{t+i-1}]}{(1 + r_e)^i} \end{aligned} \tag{3-30}$$

其中，BV_t 表示 t 时期股票的账面价值，NI_{t+k} 表示 $t+k$ 时期的股票净收益，ROE_{t+k} 表示 $t+k$ 时期股票的税后净资产收益率。

接下来，为了计算股票的基本价值，根据 Frankel 和 Lee（1998）[104]的做法，首先，定义估计方程中所需要的变量，包括：账面价值 BV_t，预测税后股权回报率 $FROE$，权益成本 r_e。其中，资本成本为了 r_e 的计算方法本书选用

Fama – French 三因子模型。预测股票的未来回报，我们采用提前一年的分析师一致性预测值 FY_1（所有分析师对企业未来盈余预测的平均值）和提前两年的分析师一致性预测值 FY_2，数据来源于 Wind 数据库（www. wind. com. cn）。为了防止 $t-1$ 期有可能的低账面市值导致高估 $FROE$ 的情况，我们采用平均股本回报率，具体见式（3 –31）及式（3 –32）：

$$FROE_t = \frac{FY_1}{(BV_{t-1} + BV_{t-2})/2} \tag{3-31}$$

$$FROE_{t+1} = \frac{FY_2}{(BV_t + BV_{t-1})/2} \tag{3-32}$$

其中，t 时期股票的账面价值 BV_t 可写作以下形式：

$$BV_t = BV_{t-1}[1 + FROE_t(1+\rho)] \tag{3-33}$$

$$BV_{t+1} = BV_t[1 + FROE_{t+1}(1+\rho)] \tag{3-34}$$

其中，ρ 为股息支付率。

基于以上公式推导，本书使用的 Fankel 和 Lee（1998）[104] 中两期扩展的剩余收益模型的最终结构：

$$\hat{V}_t = BV_t + \frac{ROE_t - r_e}{1 + r_e}BV_t + \frac{ROE_{t+1} - r_e}{(1 + r_e)r_e}BV_{t+1} \tag{3-35}$$

（3）参考期价格的计算

本实证研究在计算平均价格时，分别取公司半年度公告及年度公告发布日的前 30 天、60 天以及 90 天时间段内的日收盘价的平均值：

$$P = \frac{\sum_{t=1}^{T} P_{IT-t}}{T} \tag{3-36}$$

其中，IT 为公司半年度及年度公告的发布日，T 分别取 30 天、60 天及 90 天。

3.1.4.2 实证结果及分析

通过对本书样本中的帖子进行文本情感分析，将样本股按照每一年末的流通市值从小到大分为 5 组，lowest 作为市值最小组，highest 作为市值最大组。表 3 –3 展示了样本股票的股吧消息所提取出的投资者情绪根据股票市值规模分组后的描述统计情况。

表 3-3　　投资者情绪按照股票市值规模分组表现情况

SIZE	Lowest 1	2	3	4	Highest 5
Panel A. all posts in sample					
Number	21254.64	34201.36	29057.02	33710.06	58814.1
Mean	-0.014	-0.013	-0.009	-0.008	-0.006
Standard deviation	0.203	0.198	0.200	0.195	0.185
skewness	-0.503	-0.501	-0.496	-0.478	-0.422
Panel B. all optimistic posts in sample					
Number	6479	10424.55	9181.42	10556.83	19077.64
Ratio（%）_opti/all posts	30.48	30.48	31.60	31.32	32.44
Mean	0.188	0.183	0.186	0.182	0.173
Standard deviation	0.138	0.135	0.134	0.132	0.125
Panel C. all pessimistic posts in sample					
Number	7276.21	11682.76	9685.44	11352.89	7276.21
Ratio（%）_pas/all posts	34.23	34.16	33.33	33.68	32.37
Mean	-0.210	-0.205	-0.206	-0.202	-0.191
Standard deviation	0.169	0.166	0.167	0.162	0.151

注：本表将市值分为最小组（Lowest1）到最大组（Highest5）共 5 组。*PanelA* 为样本股的全部帖子情绪情况，包括帖子的数量、帖子情绪均值、帖子情绪的标准差以及偏度值。*PanelB* 与 *PanelC* 分别为样本股在样本期内所有乐观情绪帖子与悲观情绪帖的情况，分别包括数量（Number）、情绪均值（Mean）、情绪标准差（Standard Deviation）以及两组情绪帖数量总情绪帖的百分比（Ratio（%））。

由表 3-3 可以看出，总帖子情绪样本中，随着样本股市值的增加，股吧帖子数量总体呈增加，我们可以认为大市值公司的关注度普遍要高于小市值公司；虽然整体呈悲观情绪，但悲观情绪随着股票市值的增加而逐渐减弱，即投资者对于大市值公司较小市值公司的乐观情绪和悲观情绪要更加平衡；总样本的标准差整体随公司市值的增加而减少，我们可以认为随着公司规模的变大，投资者异质信念程度逐渐减小，可能的原因在于大公司的信息透明度普遍好于小公司，大部分投资者都能获得大公司的公开信息，因此对于这类公司，投资者的信念更为一致，分歧较小；同时可以看出随着市值的增加，左偏态程度逐渐减小，极端值减小，情绪值逐渐聚集。

将总帖子样本根据乐观情绪与悲观情绪分类可以发现，在乐观情绪样本中，随着市值的增加，乐观态度的帖子量呈增加趋势，而这一现象在悲观帖子中不明显；而从乐观和悲观帖子数量占总样本量的比值可以看出，乐观帖子占比随着市值的增加而增加，悲观帖子占比随着市值的增加而减少，呈相反趋势，且第5组即市值最大组中两类情绪的占比基本一致。整体看乐观组较悲观组中的方差更小，最低仅有0.125，可能因为在悲观情绪氛围下，投资者对未来走势无法准确判断，因此不同风险厌恶投资者对未来会判断不一致，更容易产生极端情绪，扩大了投资者之间异质信念程度。

在对投资者情绪及其分布进行分析后，我们按照第二部分中的的公式推导结论进行实证检验。根据本书3.2小节中各个模型因子的计算方法得到具体因子的计算结果描述统计如下：

表3-4　　　　模型因子计算结果描述统计

Portfolio		1/m	1/n	$\|H_I * e_I\|$	$\|H_J * e_J\|$
T=30	Mean	5.81	5.99	43.26	-43.17
	Min	0.00	0.00	1.47	-340.80
	Median	1.82	1.54	31.25	-32.37
	Max	415.31	352.75	473.81	-1.49
T=60	Mean	6.06	5.39	42.33	-41.86
	Min	0.00	0.00	1.28	-317.17
	Median	2.34	1.84	31.81	-32.63
	Max	263.57	155.55	360.62	-1.38
T=90	Mean	6.07	0.09	63.67	-63.91
	Min	0.002	0.05	1.49	-523.81
	Median	2.59	0.08	48.62	-50.84
	Max	146.08	0.10	451.69	-1.60

注：其中1/m为乐观投资者组的情绪方差，1/n为悲观投资者组的情绪方差，$|H_I * e_I|$为乐观投资者组的情绪，可看作是按乐观人数占比加权后的乐观投资者情绪均值，$|H_J * e_J|$为悲观投资者组的情绪，可看作是按悲观人数占比加权后的悲观投资者情绪均值。根据公司半年报与年报发布日前30/60/90天作为样本期进行统计其均值、最小值、中值及最大值。

从表3-4中可以发现，随着情绪由低到高，总样本组投资者情绪分布由高到低，内部分歧程度逐渐减弱，两类投资者群体内部投资者信念逐渐统一。乐观情绪组与悲观情绪组中的情绪分布随着情绪水平的增加而呈现降低趋势，这说明投资者在情绪高涨时，对未来股票走势看好并充满信心，因此对未来的预测也更趋于一致，因此在情绪高涨期间，两类投资者群体内部异质信念程度小。而在悲观情绪氛围下，投资者对未来走势无法准确判断，因此不同风险厌恶投资者对未来会判断不一致，更容易产生极端信念，此时群体内部异质信念程度加大。同时对比乐观情绪组与悲观情绪组也可以发现，悲观情绪组的异质信念程度均高于乐观投资者情绪程度，也可进一步证明上述原因。

在对投资者信念与投资者信念分歧分析后，我们按照 3. 1. 3 小节中的推导结论进行实证检验。根据模型结论可得，股票定价偏差可以用乐观/悲观人数占比、乐观/悲观投资者情绪均值、乐观/悲观投资者内部情绪分布几个因素来预测，因此本书观察半年度公告与年度公告前 30 天、60 天、90 天中因素之间的关系，并于公告公布当天的预期收益比较来验证模型结果，具体结论如表 3 -5 所示。

表 3 -5　　模型结论验证结果

Portfolio		$m/n > \mid H_p e_p \mid / \mid H_o e_o \mid$	$m/n < \mid H_p e_p \mid / \mid H_o e_o \mid$
N = 30	$u - \overline{P} > 0$	141	510
	$u - \overline{P} < 0$	787	305
N = 60	$u - \overline{P} > 0$	399	515
	$u - \overline{P} < 0$	756	297
N = 90	$u - \overline{P} > 0$	120	401
	$u - \overline{P} < 0$	733	274

注：m/n 为悲观投资者组与乐观投资者组情绪分布的比值，$\mid H_J e_J \mid / \mid H_I e_I \mid$ 为悲观投资者组与乐观投资者组情绪的比值。u 为样本公司的半年报与年报发布当日的基本价值，计算方法参考 Frankel 和 Lee（1998）。$\overline{P}$ 为公告发布日前 T 天内的平均收盘价（T = 30，60，90）。因此 $u - \overline{P}$ 即为发布日当天的价格偏差。

按照 3. 1. 3 小节结论显示，当两类投资者内部异质信念程度不同时，当悲观投资者情绪分布程度与乐观投资者情绪分布程度的比值 $\frac{m}{n}$ 大于悲观投资者情绪均值按人数加权后的绝对值与乐观投资者情绪均值按人数加权后的绝对值的比值 $\frac{|H_J e_J|}{|H_I e_I|}$ 时，风险资产处于被高估状态。当悲观投资者内部情绪分布程度与悲观投资者情绪分布程度的比值 $\frac{m}{n}$ 小于悲观投资者情绪均值按人数

加权后的绝对值与乐观投资者情绪均值按人数加权后绝对值的比值 $\frac{|H_J e_J|}{|H_I e_I|}$ 时，股票处于被低估状态，未来可获得高收益。

根据实证数据发现，在研究样本中不存在 $m/n = |H_J e_J| / |H_I e_I|$ 的时刻，这也与研究初期的预想是一致的。对其他两种情况分别检验，发现 $m/n > |H_J e_J| / |H_I e_I|$ 情况下满足模型结论的样本数均大于不满足样本结论的样本数，且最高差出 7 倍左右的水平是可以接受的；而在 $m/n < |H_J e_J| / |H_I e_I|$ 情况下，满足模型结论的样本数同样大于不满足样本结论的样本数，虽照前一种情况相比差比程度较低，但仍在可接受范围。因此，从实证角度进一步验证了该模型结论，无论从理论角度还是实证角度均可通过检验。

3.2 个人投资者情绪、意见分歧与股票收益

3.2.1 引言

在股票市场投资活动中，“买在分歧，卖在一致”被认为是一种有效的投资策略，即当市场对某只股票未来发展情景的预期存在较大差异时，适合买入股票；而当市场对某只股票未来预期保持一致时，投资者应卖空股票。这表明有一部分投资者已经关注到意见分歧与股票收益之间的相关联系，并通过关注意见分歧进行投资决策。2019 年 4 月，国务院常务会议决定“将民航发展基金征收标准减半”的消息发布后，东航和南航股涨幅较大，与此同时，国内市场的投资者也情绪高涨，准备购入航空股。但是第二天 A 股市场开盘后，航空股的表现却远不及预期。这可能与投资者分歧有着密切的关系：国务院常务会议有关消息发布后不久南航股就开市了，当时市场对航空股还没形成一致的看好预期，意见分歧较大，东航和南航的股价有了较大的涨幅。而 A 股开盘后市场投资者对航空股一致看好，市场意见分歧变小，股票价格逐渐回落。这种现象并不是个例，猪肉股启动的时候正值“非洲瘟”，猪肉价格下跌，猪肉股价却在上涨，有学者认为这可能是市场对猪肉股的预期存在

高度分歧引起的。以上实例意味着投资者异质信念（意见分歧）对资产定价很可能存在偏差影响，而且情绪的变化也会影响这种定价偏差。

此外，相比于发达国家市场，中国股票市场发展尚未成熟，其中一个重要的特点为中国股票市场的个人投资者比例远高于机构投资者。截至2019年12月31日，全国股票投资者中个人投资者与机构投资者数量之比为99.76:0.24，而且相较机构投资者，个人投资者获利能力能弱。个人投资者面对信息时往往反应剧烈，容易产生极端乐观或悲观的情绪，由于个人投资者缺乏扎实的认知基础，难以形成持之以恒的逻辑和决策，个人投资者更容易发生非理性交易（何诚颖，陈锐，薛冰，2021[209]）。因此，研究个人投资者的情绪和意见分歧对我国市场的影响，与现实情况更加贴合，对促进我国市场健康稳健的发展具有重要意义。

在行为金融学的相关研究中，投资者情绪和意见分歧一直是两个重要的研究领域。有许多关于投资者情绪的研究指出，无论是市场收益还是个人收益都会在一定程度上受到投资者情绪和偏见的影响。朱伟骅和张宗新(2008)[210]认为，投资者情绪导致股票价格存在持续性，同时投资者情绪的水平也在一定程度上影响了股价未来的趋势。Hirshleife、Jiang 和 Digiovanni(2020)[211]提出了“情绪季节性假说”，即投资者情绪的季节性变化在一定程度上会造成市场收益和股票横截面收益的季节性变化，研究发现过去在投资者情绪上升时表现突出的资产，往往在未来情绪上升时也表现突出，而在未来情绪下降时则表现不佳。何诚颖、陈锐、薛冰等（2021）[209]的研究表明，投资者情绪与股票未来收益的负相关程度与股票套利限制的程度成正比，即卖空限制程度越高，二者之间的负相关关系越强。而投资者异质信念（意见分歧）放宽了传统金融理论中对投资者“同质信念”的假设。Miller(1977)[13]首次提出了意见分歧对资产定价有影响的相关概念，他认为与乐观观点相比，由于卖空限制，悲观观点不容易反映在市场价格中。随后 Diether、Molly 和 Scherbina（2002）[140]，Yu（2011）[22]以及 Hong 和 Sraer（2016）[80]等学者的研究也支持了 Miller（1977）[13]的观点，即市场不允许投资者做空时，投资者的信念存在分歧会导致股票定价向上发生偏离，而且分歧程度越高，偏离的程度越严重。但 Doukas、Kim 和 Pantzalis（2006）[212] 的观点与之相反，他们发现意见分歧程度的增大会使股票未来收益升高。另外，Qu、Starks 和 Yan（2003）[148] 和 Avramov、Chordia、Jostova 等（2009）[213] 发现意见分歧对股票收益的影响存在横截面效应，即仅对于具有某些特征（如规模小、流动性差、评级最差或卖空受限）的股票，投资者异质信念（意见分歧）才会对股票预期收益产生显著的负相关影响。除了对以分析师预测盈余代理的意见分歧与股票收益关系的研究外，近年来，一些学者关注了个人投资者层面的意见分歧，并深入研究了投资者意见分歧的来源。Chang、Hong、Tiedens 等（2015）[214] 发现语言多样性是意见分歧的根源，由于存在沟通障碍，投资者之间难以达成共识。Bailey、Cao、Kuchler 等（2018）[215] 研究了不同房地产经历如何影响房地产投资者的情绪，并表明这些社交网络经历的差异会导致投资者产生意见分歧。在此基础上，Cookson 和 Niessner（2020）[216] 使用社交媒体投资平台中的投资者情绪，结合用户投资方式的信息，研究了个人投资者分歧的根源，发现投资者总体分歧是由不同的信息集和信息的理解差异所导致的，为意见分歧的来源提供了直接的证据。

投资者情绪和意见分歧从不同的角度描述了投资者的心理特征，二者有所区别却又相互联系。Bayar、Chemmanur 和 Liu（2015）[217] 认为，投资者情绪代表了投资者信念的均值，而意见分歧代表了投资者信念的方差，二者从不同角度对投资者心理特征进行表征。Baker 和 Wurgler（2007）[92] 认为，对于存在套利限制的股票，投资者情绪状态的差异会导致投资者对股票的估值做出不同的预测，即投资观念的差异来源于不同质的投资者情绪。与之相反的是，张宗新和王海亮（2013）[218] 认为，主观信念的不一致是导致投资者情绪发生改变的原因，即投资者信念先发生改变，随后引起投资者情绪的变化。基于以上研究可以发现，作为传统资产定价模型的拓展与投资者群体行为的研究分支，投资者情绪和意见分歧具有密切的关系。

尽管学者对投资者情绪和意见分歧的相互作用关系展开了一系列研究，但以往的研究主要聚焦于市场全部投资者情绪，忽略了对个人投资者这一群体的分析。与机构投资者相比，个人投资者获取的信息数量有限、信息质量参差不齐、对信息的处理应对能力也较弱，交易中表现的非理性程度也更高。因此，从个人投资者的角度研究情绪和分歧对股票市场的作用，更符合行为金融学中“行为人”的基础设定，同时也丰富了投资者群体行为的相关研究。

本书在现有的文献基础上，使用沪深 A 股 2010 年 12 月至 2019 年 9 月的相关数据，研究了个人投资者的情绪和意见分歧对我国市场的影响。在此基础上，本书进一步考虑了个人投资者极端情绪，在意见分歧与股票收益的关系框架中发挥的独特作用。本书从情绪的方向、变化及程度这三个方面，深入分析了个人投资者的交易行为对股票市场产生的影响，具体内容如下：第一，本书着重考察了个人投资者情绪对意见分歧和股票收益二者关系的调节效应；第二，按照股票市值大小和股票受投资者关注的情况对股票进行分类，分析了个人投资者情绪对意见分歧与股票收益二者关系产生的异质性影响；第三，研究了个人投资者情绪的动态变化在意见分歧影响股票收益的过程中产生的调节效应。此外，本书进一步将极端情绪剥离出来，考虑了个人投资者极端情绪的方向（极端高情绪和极端低情绪）在投资者行为影响资产定价的研究框架中发挥的独特作用。

3.2.2 研究假设与变量定义

Miller（1977）[13]认为，在存在卖空限制的情况下，卖空限制越严重，意见分歧对股票未来收益的负向影响就越强。因为我国市场存在严格的套利限制，个人投资者很少使用做空工具进行套利。当乐观的投资者发生过度反应时，市场难以反映悲观的个人投资者的预期，股价表现的更多是乐观投资者对股票的意见和看法。随着信息不断传递，个人投资者之间的分歧逐渐减弱，股价偏离逐渐消失。当个人投资者的情绪普遍比较高涨时，股票价格偏离了基本的价值，做空成本更高，知情者的数量减少，即使更聪明的投资者认为股票价格被高估，也无法通过卖空股票表达自己的观点（胡昌生和池阳春，2013[107]），意见分歧对股票错误定价的影响被高涨的情绪进一步扩大，即意见分歧对股票未来收益产生了更严重的负相关影响；而在个人投资者情绪低落时期，个人投资者认为卖空限制带来更大的风险，相比于个人投资者情绪高涨时期，表现得相对理性，坏消息更易被传播（Yu 和 Yuan，2011[17]），意见分歧对股票错误定价的影响也较小。因此，本书在已有理论基础上提出了第一个假设：

H1：高个人投资者情绪会放大异质信念（意见分歧）与股票未来收益的负相关关系。

大量文献发现不同公司规模之间的股票表现和公司行为存在差异，小市值股票的投资者中个人投资者的比例更高（Barberis、Shleifer 和 Wurgler，2005[108]），而且小市值股票更易受投资者情绪和投机行为的影响（Barberis、Shleifer 和 Wurgler，2005[108]；Barber 和 Odean，2008[109]）。相比于大盘股，小市值股票更容易受买卖双方左右，股票收益对投资者情绪的变化更为敏感（刘维奇和刘新新，2014[110]）。当市场公开信息与自己的预判不一致时，个人投资者往往会反应过度，容易改变自己的投资策略，从而影响股票收益。而且小市值股票的信息不对称性更高，更容易受到个人投资者投机行为的影响。因此，在高个人投资者情绪时期，相比大市值股票，小市值股票由于具有更大比例的个人投资者和更高的信息不对称性，投资者的非理性行为更加严重，股价偏离程度也更高，意见分歧与股票未来收益的负相关关系也更显著。因此，本书在已有理论基础上提出了第二个假设：

H2：高个人投资者情绪放大异质信念（意见分歧）和股票预期收益的负相关关系的效应仅在小市值股票中存在。

此外，投资者关注度也会影响股票的表现，如股票收益（刘维奇和刘新新，2014[110]；饶育蕾、彭叠峰和成大超，2010[111]；杨涛和郭萌萌，2019[112]；段江娇等，2017[113]）、交易的活跃程度（刘维奇和刘新新，2014[110]）以及对投资者情绪的敏感程度（刘维奇和刘新新，2014[110]；施荣盛和陈工孟，2012[114]）。一方面，在投资者关注的作用下，市场的股票价格短期内具有上升的趋势，但这种正向的效应很快会发生反转。受到高度关注的股票，当投资者回归理性后关注度溢价，就会将股票出售，以获取收益（俞庆进和张兵，2012[115]）。低关注度的股票由于缺乏关注度溢价效应，股票持有者不会急于抛售股票，股票未来收益不易反转。另一方面，高关注度股票的收益对情绪变化更为敏感，股票交易也越活跃（施荣盛和陈工孟，2012[114]）。当个人投资者情绪高涨时，有更多的非理性投资者对高关注股票进行交易，意见分歧引起的股票价格偏离更严重，未来股票收益也就越低；但是低关注度的股票由于缺乏关注度溢价效应，股票持有者不会急于抛售股票，而且低关注度的股票往往意见分歧水平也较低，投资者也难以将股票出售给信念不同的投资者，股票收益不易出现反转。因此，本书在已有理论基础上提出了第三个假设：

H3：投资者关注度高（低）的股票，高个人投资者情绪会放大异质信念（意见分歧）和股票未来收益的负（正）相关关系。

也有学者从动态的角度研究了投资者情绪的变化对股票市场产生的影响。Brown 和 Cliff（2004）[116]发现投资者情绪变化值与股票的同期收益具有显著的相关关系。黄德龙等（2009）[117]发现投资者情绪的正方向变动能够提高股票的当期收益，而情绪的消极变动则降低了股票的当期收益，且这种效应随情绪变动幅度的增大而增强。文凤华、肖金利、黄创霞等（2014）[118]的实证研究表明，积极情绪和处于上升期的情绪与股票收益之间存在显著的正相关关系，而消极情绪和下降期的情绪与股票收益之间的相关关系在统计意义上不具有显著性。闵峰、黄创霞、文凤华等（2017）[119]也提出在情绪上升时非理性因素在市场中占据主导地位，噪声交易导致的价格偏离无法通过套利交易消除。因此，当个人投资者情绪上升时，会吸引一些缺乏专业投资知识和经验的投资者进入市场，这些投资者的非理性行为又进一步加剧了市场上的高涨情绪，此时非理性因素占据市场的主导地位，意见分歧引起的股价偏离难以通过做空消除，进一步扩大了意见分歧对股票价格造成的定价偏差，意见分歧对股票未来收益的负相关影响更大。因此，本书在已有理论的基础上提出了第四个假设：

H4：个人投资者情绪上升时期较下降时期，意见分歧对股票未来收益的负相关影响更大。

3.2.2.1 意见分歧的定义及度量

自 Miller（1977）[13]提出异质信念（意见分歧）相关概念后，一些学者基于 Miller（1977）[13]的理论，建立了包含异种信念的动态资产定价模型，改进了 Miller（1977）[13]建立的静态资产定价模型。随着与投资者异质信念（意见分歧）相关的研究越来越多，有些学者开始采用分析师盈余预测相关数据作为意见分歧的代理指标进行实证分析。目前，在表征意见分歧的代理指标中，受到较多关注的指标有分析师盈余预测分歧、收益波动率、交易量相关指标等。

分析师盈余预测分歧是最早代理意见分歧的指标之一。Diether、Molly 和 Scherbina（2002）[140]，Kim、Ryu、Seo 等（2014）[143]，Han、Lu、Zhou（2019）[144]，汪宜霞和张辉（2009）[142]等学者使用分析师盈余预测分歧作为意见分歧的代理指标进行研究。分析师作为金融市场中重要的参与者，通过搜集信息，利用自己的专业知识对公司的未来收益作出预测。不同分析师对特定公司未来收益的预测结果，直接表现了分析师对特定公司未来收益的分歧。一些学者通过理论分析和实证研究证明了投资者信念的分歧程度与收益波动率呈显著的正相关关系，随着相关研究的不断涌现，越来越多的学者使用收益波动率作为分歧的代理指标（Shalen 和 Catherine，1993[120]；Gao、Mao 和 Zhong，2006[121]）。也有学者使用其他指标，如 Handa、Schwarz 和 Tiwari（2003）[122]使用理论分析的方法证明了买卖差价与投资者异质信念（意见分歧）正相关。Garfinkel（2009）[123]使用剔除了市场交易和公司特定交易影响的换手率作为意见分歧的代理指标，并证明了调整后的换手率是最适合测度投资者异质信念的指标。

尽管分析师预测盈余分歧是较为认可的意见分歧的代理指标，但仍有学者对此提出质疑。学者们认为分析师盈余预测具有偏差性，即分析师受相关利益和羊群效应的影响，向市场传递的信息往往存在选择性偏差（Hayes，1998[124]；许年行、江轩宇、伊志宏等，2012[125]；Clement 和 Tse，2005[126]；游家兴、周瑜婷、肖珉，2017[127]）。由于分析师分歧更侧重于对机构投资者异质信念的衡量，而且分析师分歧数据不够完善和全面，不适合用于本书的研究。而股票收益的波动率、买卖差价之类指标的缺陷在于容易受到其他因素的干扰。经过综合考虑，本书认为采用剔除了市场信息影响和流动性需求影响的换手率作为意见分歧的代理指标，更适用于个人投资者投资行为的研究。

本书参考 Garfinkel（2009）[123]的方法，采用调整后每月的日均换手率作为异质信念的代理指标。相比原始换手率，调整后的换手率剔除了市场状况与流动性需求的影响。使用市场换手率代表市场状况，使用前 6 天到前 125 天经市场调整后的换手率作为投资者的流动性需求。

$$TO_{i,t} = (turnover_{i,t} - turnover_{m,t}) - \frac{1}{120}\sum_{t=-125}^{-6}(turnover_{i,t} - turnover_{m,t})$$

$$TURN_{i,T} = \frac{1}{n}\sum_{t=1}^{n} TO_{i,t}$$

其中，$TO_{i,t}$表示股票 i 在 t 天经市场调整和流动性需求调整的日换手率；$turnover_{i,t}$表示股票 i 在 t 天的换手率，$turnover_{m,t}$表示市场第 t 天的换手率；$TURN_{i,T}$表示股票 i 在 T 月的日均换手率；n 表示股票 i 在 T 月的交易天数；$Disg_{i,T}$表示股票 i 在 T 月的意见分歧。

3.2.2.2 个人投资者情绪度量

有关投资者情绪的指标可以分为三类，分别是直接指标、间接指标和复合指标，其中直接指标和间接指标都是单变量指标。直接指标是使用问卷调查的方式，通过了解投资者对未来市场的判断，构建相关情绪指数直接测度投资者情绪。如 IISI 投资者智能指数（Brown 和 Cliff，2004[116]）、AAII 美国个体投资者协会指数（Fisher 和 Staman，2000[141]），消费者信心指数（Fisher 和 Staman，2003[128]）。国内学者也选择了具有中国特色的指标，如央视看盘数据（王美今和孙建军，2004[146]）、好淡指数（程昆和刘仁和，2015[129]）等。间接指标主要指标包括封闭式基金折价率（De Long、Shleifer、Summers 等，1990[145]；Brown 和 Cliff，2004[116]）、IPO 首日收益率（Ljungqvist、Nanda 和 Singh，2006[130]）以及换手率（汪昌云、武佳薇、孙艳梅等，2015[131]）等。复合指标是运用主成分分析法将选取的多个原始指标复合成一个综合的指标，如 Baker 和 Wurgler（2006）[132]构建的经典的 BW 指数、蒋先玲和张斯琪（2015）[133]构建的 CICSI 指数。

目前，国内有很多文献对市场整体的情绪进行度量，但关于个人情绪度量的文献较少，国内外较多采用个人新增开户数度量个人情绪。本书借鉴吴悠悠（2017）[134]的研究，运用主成分分析法构造个人投资者情绪。表3－6为构建个人投资者情绪所使用的原始指标。参照吴悠悠（2017）[134]的研究，选取与个人投资者情绪关系紧密的指标如封闭式基金折价率、换手率（流动性）、新增 IPO 数；且个人投资者更加关注宏观经济走势和政策的影响，滞后一期的存款准备金率能够表征个人投资者对于相关政策的反应；另外，借鉴已有文献，将个人新增开户数作为表征个人投资者情绪的原始指标。

表3－6　　个人投资者情绪构建指标

构建个人投资者情绪的原始指标	
个人新增开户数	$IDNA_T$
封闭式基金折价率	$CEFD_T$
滞后一期存款准备金率	$RDRR_{T-1}$
新增 IPO 数目	$NIPO_T$
换手率	$TURN_T$

为了消除数据本身量纲的影响，对原始指标进行了标准化处理，提取前三个主成分，累计贡献率达到93.6%，对前三个主成分进行加权后得到如下个人投资者情绪计算公式：

$$IDENT_T = 0.2135\,IDNA_T + 0.3306\,CEFD_T + 0.3885\,NIPO_T - 0.2459 \times RDRR_{T-1} + 0.0156\,TURN_T \quad (3-37)$$

3.2.2.3　投资者关注度的定义及度量

衡量投资者关注度的指标分为直接指标和间接指标，间接指标如 Seasholes 和 Wu（2007）[135]等使用异常收益率、Peng 和 Xiong（2006）[136]和饶育蕾，彭叠峰和成大超（2010）[111]使用了成交量。也有学者采用直接指标对投资者关注进行度量，如 Da、Engelberg 和 Gao（2011）[137]利用谷歌趋势、国内学者罗琦和伍敬侗（2017）[138]利用百度搜索指数表示投资者关注度。本书选取了异常交易量作为投资者关注度的代理指标。本书将异常交易量定义为月交易量相对于月平均交易量的增长率，即股票的月度交易量减去股票当年的月平均交易量，再除以股票当年的月平均交易量为股票当月的异常交易量（邵新建和巫和懋，2009[139]）。其计算公式为：

$$AV_{i,T} = (v_{i,T} - v_{i,avg}) / v_{i,avg} \tag{3-38}$$

其中，$AV_{i,T}$ 表示股票 i 在 T 月的异常交易量，用来衡量投资者关注度；$v_{i,t}$ 表示股票 i 在 T 月的交易量；$v_{i,avg}$ 表示股票 i 在该年的月平均交易量。

3.2.2.4　控制变量

本书采用了五个控制变量，包括账面市值比、系统性风险 Beta 系数、非流动性指标、股票收盘价、账面市值比，稳健型检验增加了三个控制变量，分别是资产负债率、股票动量以及交易量。所有的变量定义如表 3－7 所示。

表 3－7　　变量定义

变量名称	符号表示	变量释义
意见分歧	*Disg*	参考 Garfinkel（2009）[123]的方法，采用调整后每月的日均换手率
个人投资者情绪	*Sent*	借鉴吴悠悠（2017）[134]的研究，运用主成分分析法构造个人投资者情绪
异常交易量	*AV*	月交易量相对于月平均交易量的增长率
系统性风险	*Beta*	衡量个股或是组合对于市场变化的敏感性，是一种风险指标
账面市值比	*BM*	公司的账面价值与股票的市场价值的比率
股票收盘价	*Price*	股票月收盘价
市值规模	*Size*	个股的发行流通股数与月收盘价的乘积
非流动性指标	*Illiq*	当月的日绝对收益率与日交易股数之比的平均值
交易量	*Vol*	股票月交易量
资产负债率	*Lev*	公司总负债与总资产的比值
股票动量	*Mom*	股票从 $T-12$ 个月到 $T-2$ 个月的累计收益率

3.2.3 实证检验

3.2.3.1 数据来源与描述性统计

本书采用的股票换手率和交易量数据来源于 Resset 数据库，股票收益、Beta 值、账面市值比、非流动性指标，股票月收盘价、月个股流通市值、资产负债率等数据来源于国泰安数据库，新增自然人投资者开户数来源于中国证券登记结算有限责任公司统计月报。考虑到数据的可得性与匹配后的数据量规模，本书选取 2010 年 12 月到 2019 年 9 月作为研究区间。剔除掉 ST 和 PT 股票，剔除掉金融行业的股票，研究投资者情绪对分歧预测收益的影响部分，最终样本股共 2363 只股票。

本书选取了 A 股市场的全部股票，经过数据处理筛选后对 2363 只股票的相关变量进行描述性统计检验，检验结果如表 3－8 所示。

表 3－8　　描述性统计检验

变量名称	数量	平均值	标准差	最小值	中位数	75%	最大值
R_T	164581	0.008	0.138	－0.689	－0.004	0.068	4.563
R_{T+1}	164581	0.007	0.131	－0.649	－0.004	0.067	2.672
$Disg_{i,T}$	164581	－0.086	1.741	－16.24	－0.138	0.394	28.80
$Beta_{i,T}$	164581	0.657	0.458	－4	0.950	1	4
$BM_{i,T}$	164581	0.606	0.255	0.0009	0.598	0.799	6.546
$Price_{i,T}$	164581	13.32	15.48	1.29	10.01	15.9	1150
$\ln(size)_{i,T}$	164581	15.58	0.962	12.65	15.45	16.11	21.50
$\ln(illi)_{i,T}$	164581	－19.80	1.071	－25.05	－19.78	－19.11	－10.40

从表 3－8 的描述性统计检验结果可以看出，股票收益率的均值为 0.008，标准差为 0.138，中位数为 －0.004，呈现右偏状态，说明整个样本期内的收益率还是比较高的。股票的下期收益率和本期收益率特征相似，平均值为 0.007，标准差为 1.131，中位数为 －0.004。意见分歧的平均值为 －0.086，标准差为 1.741，中位数为 －0.138，整体呈现右偏状态，说明整个样本期间内投资者意见分歧的水平较高。

随后按市值大小和关注度高低将总样本分类，对分样本的意见分歧指标进行描述性统计检验，检验结果如表 3 - 9 所示。

表 3 - 9　　　　不同分组的意见分歧

项目	小市值股票	大市值股票	高关注股票	低关注股票
样本量	41145	41145	40641	40642
平均数	-0.112	-0.036	1.176	-0.872
标准差	1.816	1.311	2.073	1.404
最小值	-15.40	-12.42	-11.55	-16.24
中位数	-0.209	-0.065	0.737	-0.576
最大值	27.97	16.87	28.80	17.73

表 3 - 9 的结果显示，小市值股票的意见分歧的平均数高于大市值股票，说明小市值股票整体的意见分歧水平高于大市值股票；关注度高的股票意见分歧的平均数也远高于低关注股票，说明投资者关注度高的股票比投资者关注低的股票拥有更高水平的意见分歧。另外，小市值股票的意见分歧的标准差为 1.816，大市值股票的意见分歧的标准差为 1.311，说明小市值股票与大市值股票相比，意见分歧变化更剧烈；类似地，投资者关注度高的股票投资者意见分歧的标准差也高于投资者关注低的股票，意见分歧的变动也更剧烈。

使用 Pearson 方法检验关键变量之间的相关性，具体结果如表 3 - 10 所示。

表 3 - 10　　　　相关关系检验

变量	R_T	R_{T+1}	*Disg*	*BM*	*Beta*	*Price*	Ln(*size*)	Ln(*illi*)
R_T	1.0000							
R_{T+1}	0.0187 (0.00)	1.0000						
Disg	0.2950 (0.00)	-0.0334 (0.00)	1.0000					
BM	-0.1230 (0.00)	-0.0623 (0.00)	-0.0066 (0.01)	1.0000				
Beta	0.0337 (0.00)	0.0364 (0.00)	0.0368 (0.00)	-0.1131 (0.00)	1.0000			

续表

变量	R_T	R_{T+1}	*Disg*	*BM*	*Beta*	*Price*	Ln(*size*)	Ln(*illi*)
Price	0. 1059	-0. 0214	0. 0173	-0. 3595	-0. 0479	1. 0000		
	(0. 00)	(0. 00)	(0. 00)	(0. 00)	(0. 00)			
Ln(*size*)	0. 0745	-0. 0536	0. 0194	-0. 0103	-0. 2640	0. 2918	1. 0000	
	(0. 00)	(0. 00)	(0. 00)	(0. 00)	(0. 00)	(0. 00)		
Ln(*illi*)	-0. 0847	0. 0411	-0. 0795	-0. 2060	0. 1852	0. 1568	-0. 5681	1. 0000
	(0. 00)	(0. 00)	(0. 00)	(0. 00)	(0. 00)	(0. 00)	(0. 00)	

注：括号内为显著性检验 p 值。

表 3-10 的相关性检验结果显示，意见分歧同股票当期收益显著正相关，相关系数为 0. 2950，同股票下期收益显著负相关，相关关系为 -0. 0334，都在 1% 的水平上显著。相关性检验初步证明了意见分歧与股票收益间的关系，即意见分歧与股票当期收益正相关，与股票下期收益负相关。

3. 2. 3. 2　个人投资者情绪对意见分歧与股票收益关系的影响

首先采用构建投资组合的方式研究个人投资者情绪和意见分歧对股票收益的影响。按照个人投资者情绪高低，把所有股票分成 5 组，然后每一组按照意见分歧高低再分成 5 组，一共 25 组。采用“买进高分歧股票，卖出低分歧股票”的投资策略，观察高分歧股票和低分歧股票的收益之差（高 - 低组），投资组合收益的结果如表 3-11 所示。

表 3-11（a）　　投资组合收益——当期收益

情绪	低分歧	2	3	4	高情绪	高 - 低
低情绪	-4. 4106***	-2. 5705***	-0. 2098	3. 6327***	7. 0943***	11. 5049***
	(-29. 51)	(-18. 45)	(-1. 60)	(22. 92)	(27. 50)	(38. 59)
2	-1. 5412***	-1. 5717***	0. 3065	3. 4951***	7. 9356***	9. 4768***
	(-9. 10)	-　(10. 76)	(2. 19)	(19. 87)	(26. 80)	(27. 78)
3	-8. 4486***	-4. 7827***	-3. 9280***	-2. 6776***	3. 9507***	12. 3993***
	(-49. 23)	(-34. 74)	(-32. 18)	(-20. 49)	(18. 01)	(44. 52)
4	-0. 8828***	-1. 4179***	-1. 1348***	1. 8793***	7. 2847***	8. 1675***
	(-7. 04)	(-13. 27)	(-11. 81)	(14. 87)	(32. 01)	(31. 43)
高情绪	-2. 0611***	-1. 6953***	-0. 5433***	4. 0129***	13. 3227***	15. 3838***
	(-18. 56)	(-17. 94)	(-4. 44)	(28. 22)	(60. 27)	(62. 19)

注：***、**、* 分别表示在 1%、5%、10% 水平下显著，括号内数值为 t 统计量，下同。

表 3 - 11（b）　　　　投资组合收益——下期收益

情绪	低分歧	2	3	4	高情绪	高 - 低
低情绪	7.0726*** (32.37)	3.4221*** (19.36)	2.0256*** (12.29)	1.3213*** (8.21)	1.0323*** (5.02)	-6.0403*** (20.12)
2	1.0957*** (6.41)	0.0772 (0.52)	0.4124*** (2.72)	1.6287*** (9.02)	-0.2021*** (-0.95)	-1.2978*** (-4.76)
3	4.8291*** (28.16)	3.2279*** (20.31)	1.8541*** (13.08)	1.2343*** (9.14)	1.7251*** (9.24)	-3.1040*** (-12.25)
4	-3.8209*** (-22.77)	-1.7113*** (-12.73)	-0.7478*** (-5.66)	0.0834 (0.57)	-2.9719*** (-16.00)	0.8490*** (3.39)
高情绪	-0.3405*** (-3.09)	0.1769* (1.66)	0.1271 (1.24)	0.7503*** (4.93)	1.0664*** (5.29)	1.4069*** (6.13)

表 3 - 11 的结果显示，高分歧—低分歧组的当期收益稳定为正，而下期收益并不稳定，并且当期收益的绝对值也高于下期收益。具体来说，高分歧 - 低分歧组的当期收益（R_T）全都正显著，而下期收益（R_{T+1}）有正值也有负值，且绝对值也比较小。实证结果表明“买入高分歧股票，卖出低分歧股票”的投资策略获得的短期收益水平较高而且稳定，但长期收益水平偏低且不稳定。因此，根据意见分歧构建的投资组合，适合短期投资而不适合长期投资。横向比较发现，除个别数值外，随着意见分歧的增大，股票当期收益逐渐增大，下期收益逐渐减小，意见分歧和股票当期收益正相关，和股票下期收益负相关。纵向比较发现，随着个人投资者情绪的升高，高分歧 - 低分歧组的当期收益总体呈现上升趋势。因此，买入高分歧股票、卖出低分歧股票能获取短期稳定的收益，而且在高情绪时期获取的收益可能更高。

为了进一步验证个人投资者情绪对意见分歧与股票收益关系的影响，本书构建了式（3 - 39）和式（3 - 40），并使用 Fama - Macbeth 截面回归分析的方法进行检验。本书借鉴 Stambaugh、Yu 和 Yuan（2012）[147] 以及 Kim、Ryu 和 Seo（2014）[143] 对投资者情绪高低的划分方法，将个人投资者情绪高于中位数的月份定义为高个人投资者情绪时期，$HighSent_T$ 为虚拟变量，如果 T 月份处于高情绪期，其值为 1；$R_{i,T}$ 表示股票 i 在 T 月的当期收益；$R_{i,T+1}$ 表示股票

i 在 $T+1$ 月的收益；$Disgt_{i,T}$ 是调整后的换手率，作为意见分歧的代理指标；$BM_{i,T}$ 表示账面市值比；$Beta_{i,T}$ 表示股票的系统性风险；$Price_{i,T}$ 表示股票在 T 月的收盘价；$\ln(size)_{i,T}$ 表示股票 i 的市值规模的对数；$\ln(illiq)_{i,T}$ 表示股票 i 的非流动性指标的对数，具体定义如表 3－7 所示。

$$R_{i,T} = \alpha + \beta_1 \times Disgt_{i,T} + \beta_2 \times HighSent_T \times Disg_{i,T} + \beta_3 \times Beta_{i,T} + \beta_4 \times BM_{i,T} + \beta_5 \times Price_{i,T} + \beta_6 \times \ln(size)_{i,T} + \beta_7 \times \ln(illiq)_{i,T} \quad (3-39)$$

$$R_{i,T+1} = \alpha + \beta_1 \times Disgt_{i,T} + \beta_2 \times HighSent_T \times Disg_{i,T} + \beta_3 \times Beta_{i,T} + \beta_4 \times BM_{i,T} + \beta_5 \times Price_{i,T} + \beta_6 \times \ln(size)_{i,T} + \beta_7 \times \ln(illiq)_{i,T} \quad (3-40)$$

式（3－39）和式（3－40）的 Fama－Macbeth 截面回归结果如表 3－12 所示。

表 3－12　　个人投资者情绪虚拟变量回归

变量	R_T		R_{T+1}	
$Disg_{i,T}$	0.0233*** (20.20)	0.0180*** (12.73)	－0.0042*** (－5.95)	－0.0029*** (－5.08)
$HighSent_T \times Disg_{i,T}$		0.0052*** (4.66)		－0.0014*** (－4.06)
$BM_{i,T}$		－0.0233*** (－5.50)		－0.0276*** (－4.28)
$Beta_{i,T}$		－0.0181* (1.93)		－0.0039 (－0.93)
$Price_{i,T}$		0.0000 (0.42)		－0.0004*** (－5.44)
$\ln(Size)_{i,T}$		0.0124*** (5.09)		－0.0005 (－0.28)
$\ln(Illiq)_{i,T}$		0.0101*** (4.47)		0.0042*** (3.65)
样本量	164581	164581	164581	164581
调整 R^2	0.1225	0.2068	0.0134	0.0863

表 3 - 12 的结果显示，当期收益的多变量回归中，$HighSent_T \times Disg_{i,T}$的系数估计为 0.0052，$t$ 统计量为 4.66，并且在 1% 的水平上显著；下期收益的多变量回归中，$Disg_{i,T}$的系数为 -0.0029，即意见分歧每上升一个单位，股票预期收益下降 0.0029 个单位。$HighSent_T \times Disg_{i,T}$的系数估计为 -0.0014，$t$ 统计量为 -4.06，并且在 1% 的水平上显着。$Disg_{i,T}$与$HighSent_T \times Disg_{i,T}$的系数和为 -0.0043，意味着高情绪时期意见分歧每增加一个单位，股票预期收益就会降低 0.0043 个单位。这说明了高涨的个人投资者情绪加剧了意见分歧对股票未来收益造成的负相关影响。实证结果表明意见分歧能够对股票的未来收益进行预测，即投资者信念的分歧程度与股票未来收益具有显著的负相关关系，而且在高个人投资者情绪时期二者间具有更加强烈的负相关关系。Fama - Macbeth 回归结果验证了本书的假设一，即高个人投资者情绪对异质信念（意见分歧）与股票未来收益的负相关关系具有放大效应。

3.2.3.3 个人投资者情绪对意见分歧与股票收益关系的影响的异质性分析

根据刘维奇和刘新新（2014）[110]、施荣盛和陈工孟（2012）[114]、以及俞庆进和张兵（2012）[115]等学者的研究，市值不同的股票和投资者关注度不同的股票在市场中往往具有不同的表现，小市值、投资者关注度高的股票交易活跃度高、也更易受投资者情绪的影响。因此，本部分按照股票市值大小和股票受投资者关注的情况对股票进行分类，拟分析个人投资者情绪对意见分歧与股票收益二者关系产生的异质性影响。

3.2.3.3.1 不同市值股票

本小节研究了不同市值股票，个人投资者情绪影响意见分歧与股票未来收益关系的情况。为了明显区分小市值和大市值股票，本书将市值低于下四分位数的股票定义为小市值股票，将市值高于上四分位数的股票定义为大市值股票。表 3 - 13 为不同市值股票关于式（3 - 39）和式（3 - 40）的回归结果。

表 3-13（a）　　市值分组虚拟变量回归——小市值股票

变量	R_T	R_T	R_{T+1}	R_{T+1}
$Disg_{i,T}$	0.0153*** (14.07)	0.0115*** (10.14)	-0.0046*** (-6.45)	-0.0022*** (-4.07)
$HighSent_T \times Disg_{i,T}$		0.0039*** (4.35)		-0.0018*** (-3.18)
$BM_{i,T}$		-0.0130*** (-3.51)		-0.0396*** (-5.25)
$Beta_{i,T}$		0.0030 (0.37)		0.0072 (1.29)
$Price_{i,T}$		0.0013*** (4.25)		-0.0015*** (-4.39)
$\ln(size)_{i,T}$		0.0178*** (4.49)		-0.0135 (-2.07)
$\ln(illiq)_{i,T}$		0.0055** (2.29)		0.0093*** (2.93)
Obs	41145	41145	41145	41145
Adj. R^2	0.1131	0.1950	0.0230	0.0993

表 3-13（b）　　市值分组虚拟变量回归——大市值股票

变量	R_T	R_T	R_{T+1}	R_{T+1}
$Disg_{i,T}$	0.0419*** (16.35)	0.0337*** (11.22)	-0.0021 (-1.17)	-0.0015 (-1.01)
$HighSent_T \times Disg_{i,T}$		0.0073*** (4.38)		-0.0008** (-2.38)
$BM_{i,T}$		-0.0243*** (-3.68)		-0.0204*** (-2.62)
$Beta_{i,T}$		0.0182*** (1.78)		-0.0086 (-1.48)
$Price_{i,T}$		0.00002 (0.31)		-0.0002*** (-2.79)
$\ln(size)_{i,T}$		0.0090*** (3.42)		0.0017 (0.82)
$\ln(illiq)_{i,T}$		0.0070*** (2.75)		0.0013 (0.72)
Obs	41145	41145	41145	41145
Adj. R^2	0.1496	0.2632	0.0226	0.1398

由表3－13可知，无论大市值股票还是小市值股票，意见分歧与股票当期收益都显著正相关（显著性水平均为1%），在高个人投资者情绪时期，也显著正相关。但是市值不同的股票，意见分歧与股票未来收益的关系却有所区别，并且个人投资者情绪会影响这种关系。具体来说，小市值的股票，投资者意见分歧与下期收益显著负相关，单变量回归中$Disg_{i,T}$的系数为－0.0046，多变量回归中$Disg_{i,T}$的系数为－0.0022，t值为－4.07，$HighSent_T \times Disg_{i,T}$系数值为－0.0018，$t$值为－3.18，都在1%的水平上显著。因此，高个人投资者情绪增强了小市值股票的意见分歧对未来收益间的负相关影响。但是在大市值股票的单变量回归中$Disg_{i,T}$系数不显著，多变量回归中$Disg_{i,T}$的系数仍不显著，交乘项$HighSent_T \times Disg_{i,T}$的系数为－0.0008，在5%的水平上显著，说明大市值股票仅在高个人投资者情绪时期意见分歧才具有预测股票未来收益的能力。此外，无论是从系数绝对值还是系数显著性来看，大市值的股票都不如小市值股票。说明投资者意见分歧对小市值股票比对大市值股票的收益预测效果更明显。即对于小市值股票，在高个人投资者情绪时期，投资者意见分歧程度越严重，当期股票收益越偏离基本面，股票的未来收益越低。而对于大市值股票，只有在高个人投资者情绪时期意见分歧与未来收益才呈现显著的负相关关系，即高涨的个人投资者情绪增强了大市值股票的意见分歧对股票收益的预测能力。

小市值的股票收益更容易预测，并且个体的投资者更倾向于购买小市值的股票，意味着市值小的股票拥有更大比例的个人投资者，市场更难做空（饶育蕾、彭叠峰和成大超，2010[111]）。相比大市值股票，小市值股票拥有更高水平的投资者意见分歧，意见分歧程度的升高降低了股票的未来收益。而大市值股票与股票未来收益却不存在显著的负相关关系，这也与Qu、Starks和Yan（2003）[148]的发现一致。与以往研究不同的是，本书发现在高涨的个人投资者情绪时期，大市值股票的意见分歧能够预测未来收益，即高涨的个人投资者情绪改变了大市值股票的意见分歧对收益的预测能力。小市值股票的投资者意见分歧与股票下期收益呈现显著的负相关关系，而且高涨的个人投资者情绪扩大了这种负相关效应；对于大市值的股票，投资者意见分歧本身与股票下期收益并不存在显著的负相关关系，但是在高个人投资者情绪时期，投资者意见分歧与股票收益呈现显著的负相关关系。因此，个人投资者情绪影响了投资者分歧与股票未来收益的关系，并且这种影响对于大市值股票和小市值股票并不相同。

3.2.3.3.2　不同投资者关注度股票

为了明显区分高投资者关注度和低投资者关注度，本书将投资者关注度低于下四分位数的股票定义为低关注度股票，将投资者关注度高于上四分位数的股票定义为高关注度股票。对关注度不同的股票进行式（3－39）和式（3－40）回归，回归结果如表3－14所示。

表3－14（a）　投资者关注度分组虚拟变量回归——低关注度股票

变量	R_T	R_T	R_{T+1}	R_{T+1}
$Disg_{i,T}$	0.0115*** (6.79)	0.0111*** (6.89)	0.0024 (1.24)	0.0027* (1.98)
$HighSent_T \times Disg_{i,T}$		0.0031*** (3.77)		0.0016** (2.14)
$BM_{i,T}$		-0.0116* (-1.91)		-0.0455*** (-3.83)
$Beta_{i,T}$		0.0182 (1.15)		0.0137 (1.35)
$Price_{i,T}$		0.00009 (0.40)		-0.0009*** (-2.69)
$\ln(size)_{i,T}$		0.0072*** (3.18)		-0.0066 (-1.59)
$\ln(illiq)_{i,T}$		0.0097*** (3.85)		-0.0011 (-0.36)
Obs	40642	40642	40642	40642
$Adj.\ R^2$	0.0531	0.2034	0.0170	0.1296

表3－14（b）　投资者关注度分组虚拟变量回归——高关注度股票

变量	R_T	R_T	R_{T+1}	R_{T+1}
$Disg_{i,T}$	0.0220*** (15.73)	0.0204*** (12.06)	-0.0034*** (-4.22)	-0.0025*** (-3.41)

续表

变量	R_T	R_T	R_{T+1}	R_{T+1}
$HighSent_T \times Disg_{i,T}$		0.0054*** (4.29)		-0.0013*** (-3.48)
$BM_{i,T}$		-0.0255*** (-3.98)		-0.0345*** (-4.42)
$Beta_{i,T}$		0.0238** (2.13)		-0.0103* (-1.90)
$Price_{i,T}$		-0.0007* (-1.98)		-0.0003*** (-2.72)
$\ln(size)_{i,T}$		0.0441*** (10.43)		-0.0021 (-0.92)
$\ln(illiq)_{i,T}$		0.0311*** (7.62)		0.0024* (1.83)
Obs	40641	40641	40641	40641
Adj. R^2	0.1124	0.2437	0.0296	0.1122

表3-14的结果显示，受到投资者关注度较低的股票，意见分歧与当期收益具有显著的正相关关系，单变量回归中$Disg_{i,T}$的系数为0.0115，多变量回归中$Disg_{i,T}$的系数为0.0111，t值为6.89，$HighSent_T \times Disg_{i,T}$系数值为0.0031，$t$值为3.77，都在1%的水平上显著。受到投资者关注度较高的股票，意见分歧与当期收益也具有显著正相关关系，单变量回归中$Disg_{i,T}$的系数为0.0220，加入控制变量以及虚拟变量之后，$Disg_{i,T}$的系数为0.0204，t值为15.73，$HighSent_T \times Disg_{i,T}$系数值为0.0054，$t$值为4.29，都在1%的水平上显著。无论是低投资关注度还是高投资者关注度的股票，高个人投资者情绪都放大了意见分歧与当期股票收益率间的正相关关系。但是投资者关注度较低的股票，投资者意见分歧和股票下期收益显著正相关，高个人投资者情绪扩大了这种正相关关系；而投资者关注度高的股票，意见分歧程度的升高降低了股票的下期收益，二者之间呈现显著的负相关关系，且高个人投资者情绪扩大了这种负相关关系。具体来说，受到投资者关注度较低的股票，意见分歧与下期收益的单变量回归中$Disg_{i,T}$的系数为0.0024，加入控制变量以及虚拟变量之

后，$Disg_{i,T}$的系数为 0.0027，t 值为 1.98，在 10% 的水平上具有显著性；$HighSent_T \times Disg_{i,T}$系数值为 0.0016，$t$ 值为 2.14，在 5% 的水平上显著。受到投资者关注度较高的股票，意见分歧与下期收益的单变量回归中$Disg_{i,T}$的系数为 -0.0034，加入控制变量以及虚拟变量之后，$Disg_{i,T}$的系数为 -0.0025，t 值为 -3.41，$HighSent_T \times Disg_{i,T}$系数值为 -0.0013，$t$ 值为 -3.48，都在 1% 的水平上显著。

受到高关注度的股票，在高个人投资者情绪时期，随着投资者信念之间存在的分歧程度越高，股票的未来收益越低。而受到低关注度的股票，在高个人投资者情绪时期，意见分歧越大，股票当期收益越高，下期收益也越高。说明意见分歧预测股票收益的能力在一定程度上受到了投资者关注的影响：关注度较高的股票，投资者意见分歧和股票的下期收益呈现显著的负相关关系，并且高涨的个人情绪加强了这种负相关关系；而低关注股票则未出现“反转”，投资者意见分歧对股票当期收益和下期收益都具有显著的正相关影响，并且在个人情绪高涨时，投资者信念之间存在的分歧程度越高，股票下期收益越高，即在高涨的个人投资者情绪下意见分歧对低关注股票的正向影响具有长期性。

不同于 Miller（1977）[13]的研究结果，本书发现低关注度的股票投资者意见分歧与股票下期收益正相关，并且高个人投资者情绪扩大了这种关系。受到低关注的股票投资者意见分歧与股票下期收益正相关，这可能与“关注度溢价”有关（俞庆进和张兵，2012[115]），即持有关注度高的股票的投资者，当回归理性时会注意到股票的关注度溢价，从而出售股票以获取收益。Da、Engelberg 和 Gao（2011）[137]（2011）用谷歌搜索趋势量衡量关注度，发现与美国两周内股票收益正相关，第四周才是负相关（长期反转），俞庆进和张兵（2012）[115]使用国内百度指数，发现关注度和股票收益在第二周就能发生反转（短期反转）。无论是长期反转还是短期反转，都说明了投资者回归理性时可能注意到之前关注度较高的股票中所包含的关注度溢价，也越可能在下期出售这类包含关注度溢价的股票，因而引起收益的反转。而投资者关注度较低的股票包含了更低程度的关注度溢价或者说并不具有关注度溢价，因此收益不易在未来产生反转。由描述性统计检验可知，相比于高关注度的股票，低关注度的股票投资者分歧整体水平较低，投资者难以将股票卖给对股票持有不同信念的投资者。因此，投资者信念之间存在的分歧程度越高，股票的当期收益越高，下期收益越高。另外，高个人投资者情绪会加剧投资者的信念，投资者一直保持乐观，即个人情绪越高涨，投资者分歧越大，投资者关注度低的股票下期收益越高。

3.2.3.4 个人投资者情绪变化对意见分歧和股票收益关系的影响

本小节建立式（3-41）和式（3-42）分析了个人投资者情绪变化对意见分歧和股票收益关系的影响。

$$R_{i,T} = \alpha + \beta_1 \times Disgt_{i,T} + \beta_2 \times DSent_T \times Disg_{i,T} + \beta_3 \times Beta_{i,T} + \beta_4 \times BM_{i,T} + \beta_5 \times Price_{i,T} + \beta_6 \times \ln(size)_{i,T} + \beta_7 \times \ln(illiq)_{i,T} \quad (3-41)$$

$$R_{i,T+1} = \alpha + \beta_1 \times Disgt_{i,T} + \beta_2 \times DSent_T \times Disg_{i,T} + \beta_3 \times Beta_{i,T} + \beta_4 \times BM_{i,T} + \beta_5 \times Price_{i,T} + \beta_6 \times \ln(size)_{i,T} + \beta_7 \times \ln(illiq)_{i,T} \quad (3-42)$$

其中，$DSent_T$ 是虚拟变量，当情绪变化值大于0的时候 $DSent_T$ 的值为1，表示个人投资者情绪处于上升时期。其余变量定义同式（3-39）和式（3-40）。

式（3-41）和式（3-42）的 Fama-Macbeth 截面回归结果见表3-15所示。

表3-15　　情绪变化的影响

变量	R_T	R_T	R_{T+1}	R_{T+1}
$Disg_{i,T}$	0.0232*** (19.99)	0.0171*** (11.78)	-0.0042*** (-6.00)	-0.0030*** (-5.37)
$DSent_T \times Disg_{i,T}$		0.0060*** (5.17)		-0.0013*** (-3.66)
$BM_{i,T}$		-0.0233*** (-5.53)		-0.0291*** (-4.57)
$Beta_{i,T}$		0.0181* (1.90)		-0.0039 (-0.93)
$Price_{i,T}$		0.00003 (0.40)		-0.0004*** (-5.33)

续表

变量	R_T	R_T	R_{T+1}	R_{T+1}
$\ln(size)_{i,T}$		0.0127 *** (5.16)		-0.0006 (-0.32)
$\ln(illiq)_{i,T}$		0.0104 *** (4.60)		0.0042 *** (3.61)
Obs	162630	162630	162630	162630
Adj. R^2	0.1220	0.2068	0.0135	0.0860

表3-15的回归结果显示：在意见分歧与股票当期收益的回归方程中，$Disg_{i,T}$的回归系数为0.0171，在1%的水平上显著，$DSent_T \times Disg_{i,T}$的系数为0.0060，在1%的水平上显著；在意见分歧与股票下期收益的回归方程中，$Disg_{i,T}$的回归系数为-0.0042，在1%的水平上显著，$DSent_T \times Disg_{i,T}$的系数为-0.0013，在1%的水平上显著。这表明个人投资者情绪升高时，扩大了意见分歧对股票当期收益的正向影响，也扩大了意见分歧对股票下期收益的负向影响。这是因为当个人投资者情绪上升时，非理性因素在市场交易中占据主导地位，阻碍了价格发现和坏消息披露，股票价格容易被高估，而且市场上投资者分歧较大，由于卖空限制，股票市场主要反映了乐观投资者的估值水平，股票价格和收益偏离了基本面，未来股票收益会降低。因此，个人投资者情绪上升时期较下降时期，意见分歧对股票未来收益的负向影响更强。

3.2.3.5 稳健性检验

本小节采用了两种方法对假设一进行稳健性检验：一种是使用新增个人投资者开户数作为个人投资者情绪的代理变量进行稳健性检验；另一种是通过增加交易量、动量和资产负债率三个变量进一步对股票收益控制，进行稳健性检验。

3.2.3.5.1 改变个人投资者情绪衡量指标

参考国内外文献，使用新增个人投资者开户数作为个人情绪衡量指标，进行稳健性检验，$HighSent1_T$表示高情绪时期，如果T月份处于高情绪期，其值为1。将高情绪月份定义为在整个样本期间内，新增个人投资者开户数高于每月新增个人投资者开户数中位数的月份。模型见式（3-43）和式

(3 -44)。表3-16至表3-19为相关的稳健性检验结果。

$$R_T = \alpha + \beta_1 \times Disgt_{i,T} + \beta_2 \times HighSent1_T \times Disg_{i,T} + \beta_3 \times Beta_{i,T} + \beta_4 \times BM_{i,T} + \beta_5 \times Price_{i,T} + \beta_6 \times \ln(size)_{i,T} + \beta_7 \times \ln(illiq)_{i,T} \quad (3-43)$$

$$R_{T+1} = \alpha + \beta_1 \times Disgt_{i,T} + \beta_2 \times HighSent1_T \times Disg_{i,T} + \beta_3 \times Beta_{i,T} + \beta_4 \times BM_{i,T} + \beta_5 \times Price_{i,T} + \beta_6 \times \ln(size)_{i,T} + \beta_7 \times \ln(illiq)_{i,T} \quad (3-44)$$

表3-16　　假设一稳健性检验

变量	R_T	R_T	R_{T+1}	R_{T+1}
$Disg_{i,T}$	0.0233*** (20.20)	0.0174*** (12.36)	-0.0042*** (-5.95)	-0.0032*** (-5.79)
$HighSent1_T \times Disg_{i,T}$		0.0058*** (4.90)		-0.0011*** (-3.04)
$BM_{i,T}$		-0.0233*** (-5.50)		-0.0276*** (-4.28)
$Beta_{i,T}$		-0.0181* (1.93)		-0.0039 (-0.93)
$Price_{i,T}$		0.0000 (0.42)		-0.0004*** (-5.44)
$\ln(size)_{i,T}$		0.0123*** (5.09)		-0.0005 (-0.28)
$\ln(illiq)_{i,T}$		0.0101*** (4.47)		0.0042*** (3.65)
Obs	164581	164581	164581	164581
$Adj.\ R^2$	0.1225	0.2068	0.0134	0.0863

表3-16的回归结果显示，当期收益的多变量回归中，$Disg_{i,T}$ 和 $HighSent1_T \times Disg_{i,T}$ 的系数均为正值，并且在1%的水平上显著；下期收益的多变量回归中，$Disg_{i,T}$ 和 $HighSent1_T \times Disg_{i,T}$ 的系数均为负值，并且在1%的水平上显著。Fama-Macbeth的回归结果同样支持了本书假设一，即个人投资者情绪高涨扩大了意见分歧与股票收益之间的负相关关系。

表 3-17（a）　　假设二稳健性检验——小市值股票

变量	R_T	R_T	R_{T+1}	R_{T+1}
$Disg_{i,T}$	0.0153*** (14.07)	0.0115*** (10.06)	-0.0046*** (-6.45)	-0.0022*** (-4.03)
$HighSent1_T \times Disg_{i,T}$		0.0041*** (4.41)		-0.0018*** (-3.23)
$BM_{i,T}$		-0.0130*** (-3.51)		-0.0396*** (-5.25)
$Beta_{i,T}$		0.0030 (0.37)		0.0072 (1.29)
$Price_{i,T}$		0.0013*** (4.25)		-0.0015*** (-4.39)
$\ln(size)_{i,T}$		0.0178*** (4.49)		-0.0135 (-2.07)
$\ln(illiq)_{i,T}$		0.0055** (2.29)		0.0093*** (2.93)
Obs	41145	41145	41145	41145
$Adj.\ R^2$	0.1131	0.1950	0.0230	0.0993

表 3-17（b）　　假设二稳健性检验——大市值股票

变量	R_T	R_T	R_{T+1}	R_{T+1}
$Disg_{i,T}$	0.0419*** (16.35)	0.0335*** (11.02)	-0.0021 (-1.17)	-0.0010 (-0.71)
$HighSent1_T \times Disg_{i,T}$		0.0076*** (4.57)		-0.0013*** (-3.00)
$BM_{i,T}$		-0.0243*** (-3.68)		-0.0204*** (-2.62)
$Beta_{i,T}$		0.0182*** (1.78)		0.0086 (-1.48)
$Price_{i,T}$		0.0000 (0.31)		-0.0002*** (-2.79)
$\ln(size)_{i,T}$		0.0090*** (3.42)		0.0017 (0.82)
$\ln(illiq)_{i,T}$		0.0070*** (2.75)		0.0013 (0.72)
Obs	41145	41145	41145	41145
$Adj.\ R^2$	0.1496	0.2632	0.0226	0.1398

表3－17的结果显示，小市值股票的单变量回归中 $Disg_{i,T}$ 的系数为－0.0046，多变量回归中 $Disg_{i,T}$ 的系数为－0.0022，$HighSent1_T \times Disg_{i,T}$ 系数值为－0.0018，都在1%的水平上显著，说明高个人投资者情绪放大了小市值股票的意见分歧对股票未来收益的负相关影响。大市值股票的单变量回归中 $Disg_{i,T}$ 系数不显著，多变量回归中 $Disg_{i,T}$ 的系数仍不显著，交乘项 $HighSent1_T \times Disg_{i,T}$ 的系数为－0.0013，在1%的水平上显著，说明大市值股票仅在高个人投资者情绪时期意见分歧才具有预测股票未来收益的能力。稳健性检验的结果再次证明了本书提出的假设二。

表3－18（a）　　　假设三稳健性检验——低关注度股票

变量	R_T	R_T	R_{T+1}	R_{T+1}
$Disg_{i,T}$	0.0115*** (6.79)	0.0105*** (6.86)	0.0024 (1.24)	0.0029** (2.14)
$HighSent1_T \times Disg_{i,T}$		0.0037*** (3.66)		0.0015* (1.82)
$BM_{i,T}$		−0.0116* (−1.91)		−0.0455*** (−3.83)
$Beta_{i,T}$		0.0182 (1.15)		0.0137 (1.35)
$Price_{i,T}$		0.0001 (0.40)		−0.0009*** (−2.69)
$\ln(size)_{i,T}$		0.0072*** (3.18)		0.0066 (−1.59)
$\ln(illiq)_{i,T}$		0.0097*** (3.85)		−0.0011 (−0.36)
Obs	40642	40642	40642	40642
$Adj.\ R^2$	0.0531	0.2034	0.0170	0.1296

表3－18（b）　　　假设三稳健性检验——高关注度股票

变量	R_T	R_T	R_{T+1}	R_{T+1}
$Disg_{i,T}$	0.0220*** (15.73)	0.0211*** (12.68)	−0.0034*** (−4.22)	−0.0027*** (−3.70)

续表

变量	R_T	R_T	R_{T+1}	R_{T+1}
$HighSent1_T \times Disg_{i,T}$		0.0047*** (3.88)		-0.0010*** (-3.00)
$BM_{i,T}$		-0.0255*** (-3.98)		-0.0345*** (-4.42)
$Beta_{i,T}$		0.0238** (2.13)		-0.0103* (-1.90)
$Price_{i,T}$		-0.0007* (-1.98)		-0.0003*** (-2.72)
$\ln(size)_{i,T}$		0.0441*** (10.43)		-0.0021 (-0.92)
$\ln(illiq)_{i,T}$		0.0311*** (7.62)		0.0024* (1.83)
Obs	40641	40641	40641	40641
$Adj.\ R^2$	0.1124	0.2437	0.0296	0.1122

以个人投资者新增开户数作为个人情绪的衡量指标，对投资者关注度不同的股票进行检验，得到的结果与之前具有一致性。表3－18的结果表明，受到投资者关注度较低的股票，当期收益的多变量回归中$Disg_{i,T}$的系数为0.0105，$HighSent1_T \times Disg_{i,T}$系数值为0.0037，都在1%的水平上显著；下期收益的多变量回归中$Disg_{i,T}$的系数为0.0029，在5%的水平上显著，$HighSent1_T \times Disg_{i,T}$系数值为0.0015，在10%的水平上显著。受到投资者关注度较高的股票，当期收益的多变量回归中$Disg_{i,T}$的系数为0.0204，$HighSent1_T \times Disg_{i,T}$系数值为0.0054，均在1%的水平上显著；下期收益的多变量回归中$Disg_{i,T}$和$HighSent1_T \times Disg_{i,T}$系数值均为负值，且在1%的水平上显著。说明投资者关注度高（低）的股票，高个人投资者情绪会放大异质信念（意见分歧）和股票未来收益的负（正）相关关系，也再次证明了本书的假设三。

以个人投资者新增开户数作为个人投资者情绪的衡量指标，使用个人投资者新增开户数的变化代表个人投资者情绪的变化。当本月新增开户数相比上月新增开户数有所增加时，表示个人投资者情绪的正向变动。式（3-45）和式（3-46）为稳健性检验模型：

$$R_{i,T}=\alpha+\beta_1\times Disgt_{i,T}+\beta_2\times DSent1_T\times Disg_{i,T}+\beta_3\times Beta_{i,T}+\beta_4\times BM_{i,T}+\beta_5\times Price_{i,T}+\beta_6\times \ln(size)_{i,T}+\beta_7\times \ln(illiq)_{i,T} \quad (3-45)$$

$$R_{i,T+1}=\alpha+\beta_1\times Disgt_{i,T}+\beta_2\times DSent1_T\times Disg_{i,T}+\beta_3\times Beta_{i,T}+\beta_4\times BM_{i,T}+\beta_5\times Price_{i,T}+\beta_6\times \ln(size)_{i,T}+\beta_7\times \ln(illiq)_{i,T} \quad (3-46)$$

其中，$DSent1_T$ 是虚拟变量，当个人投资者情绪变化值大于 0 的时候 $DSent1_T$ 的值为 1，表示个人投资者情绪处于上升时期。表 3-19 为假设四的稳健性检验结果。

表 3-19　假设四稳健型检验

变量	R_T		R_{T+1}	
$Disg_{i,T}$	0.0233*** (19.92)	0.0176*** (11.78)	-0.0041*** (-5.87)	-0.0031*** (-5.36)
$DSent1_T\times Disg_{i,T}$		0.0057*** (5.18)		-0.0011*** (-3.50)
$BM_{i,T}$		-0.0242*** (-5.70)		-0.0299*** (-4.69)
$Beta_{i,T}$		0.0191** (2.00)		-0.0052 (-1.27)
$Price_{i,T}$		0.0000 (0.21)		-0.0004*** (-5.28)
$\ln(size)_{i,T}$		0.0125*** (5.07)		-0.0007 (-0.36)
$\ln(illiq)_{i,T}$		0.0105*** (4.60)		0.0044*** (3.76)
Obs	162551	162551	162551	162551
Adj. R^2	0.1230	0.2071	0.0134	0.0853

表 3-19 的结果显示，更换个人投资者情绪代理指标后，个人投资者情绪的变化仍能显著影响意见分歧对股票收益的预测能力，且在个人投资者情绪升高时，意见分歧对股票未来收益的负相关影响更严重。稳健性检验的结

果再次证明了假设四。

3.2.3.5.2 增加控制变量

本小节设计了改变控制变量的方法对假设一再次进行稳健性检验。在式（3－39）和式（3－40）中增加交易量、动量和资产负债率作为额外的控制变量，模型见式（3－47）和式（3－48）：

$$R_T = \alpha + \beta_1 \times Disgt_{i,T} + \beta_2 \times HighSent_T \times Disg_{i,T} + \beta_3 \times Beta_{i,T} + \beta_4 \times BM_{i,T} + \beta_5 \times Price_{i,T} + \beta_6 \times \ln(size)_{i,T} + \beta_7 \times \ln(illiq)_{i,T} + \beta_8 \ln(vol)_{i,T} + \beta_9 Lev_{i,T} + \beta_{10} Mom_{i,T} \quad (3-47)$$

$$R_{T+1} = \alpha + \beta_1 \times Disgt_{i,T} + \beta_2 \times HighSent_T \times Disg_{i,T} + \beta_3 \times Beta_{i,T} + \beta_4 \times BM_{i,T} + \beta_5 \times Price_{i,T} + \beta_6 \times \ln(size)_{i,T} + \beta_7 \times \ln(illiq)_{i,T} + \beta_8 \ln(vol)_{i,T} + \beta_9 Lev_{i,T} + \beta_{10} Mom_{i,T} \quad (3-48)$$

同样地，将高情绪月份定义为在整个样本期间内，个人投资者情绪高于中位数的月份。

增加了控制变量后再次对本书的四个假设进行稳健性检验，结果如表3－20至表3－23所示。

表3－20　　假设一稳健性检验

变量	R_T		R_{T+1}	
$Disg_{i,T}$	0.0235*** (20.23)	0.0131*** (12.58)	－0.0041*** (－5.77)	－0.0024*** (－4.44)
$HighSent_T \times Disg_{i,T}$		0.0040*** (4.38)		－0.0006** (－2.02)
$BM_{i,T}$		－0.0204*** (－5.37)		－0.0365*** (－5.59)
$Beta_{i,T}$		0.0059 (0.68)		－0.0020 (－0.52)
$Price_{i,T}$		0.0002*** (3.30)		－0.0004*** (－5.90)
$\ln(size)_{i,T}$		0.0090*** (5.21)		0.0001 (0.07)

续表

变量	R_T		R_{T+1}	
$\ln(illiq)_{i,T}$		0.0460*** (8.62)		-0.0035** (-2.18)
$\ln(vol)_{i,T}$		0.0429** (8.98)		-0.0093*** (-4.36)
$Lev_{i,T}$		0.0088*** (3.49)		0.0133*** (4.31)
$Mom_{i,T}$		-0.0138*** (-4.48)		-0.0037 (-1.31)
Obs	159396	159396	159396	159396
$Adj.\ R^2$	0.1234	0.2713	0.0137	0.1050

表 3-21（a）　　假设二稳健性检验——小市值股票

变量	R_T	R_T	R_{T+1}	R_{T+1}
$Disg_{i,T}$	0.0154*** (13.49)	0.0089*** (9.25)	-0.0046*** (-6.46)	-0.0020*** (-3.16)
$HighSent_T \times Disg_{i,T}$		0.0024*** (3.59)		-0.0476* (-1.82)
$BM_{i,T}$		-0.0140*** (-3.48)		-0.0476*** (-5.42)
$Beta_{i,T}$		0.0046 (0.50)		0.0050 (0.75)
$Price_{i,T}$		0.0017*** (5.99)		-0.0016*** (-4.99)
$\ln(size)_{i,T}$		0.0120*** (4.07)		-0.0115** (-2.13)
$\ln(illiq)_{i,T}$		0.0272*** (4.90)		-0.0003 (-0.11)
$\ln(vol)_{i,T}$		0.0296*** (5.28)		-0.0134*** (-3.85)
$Lev_{i,T}$		0.0033 (0.74)		0.0074 (1.31)

续表

变量	R_T	R_T	R_{T+1}	R_{T+1}
$Mom_{i,T}$		-0.0266*** (-7.77)		0.0014 (0.29)
Obs	39849	39849	39849	39849
$Adj.\ R^2$	0.1147	0.2569	0.0233	0.1264

表 3-21（b） 假设二稳健性检验——大市值股票

变量	R_T	R_T	R_{T+1}	R_{T+1}
$Disg_{i,T}$	0.0428*** (16.57)	0.0280*** (11.85)	-0.0022 (-1.19)	0.0001 (0.07)
$HighSent_T \times Disg_{i,T}$		0.0054*** (4.42)		-0.0007** (-2.00)
$BM_{i,T}$		-0.0188*** (-2.94)		-0.0310*** (-3.88)
$Beta_{i,T}$		0.0022 (0.24)		-0.0052 (-1.02)
$Price_{i,T}$		0.0001** (2.37)		-0.0002*** (-2.67)
$\ln(size)_{i,T}$		0.0072*** (3.75)		0.0008 (0.42)
$\ln(illiq)_{i,T}$		0.0441*** (6.88)		-0.0068*** (-2.87)
$\ln(vol)_{i,T}$		0.0431*** (7.57)		-0.0085** (-2.59)
$Lev_{i,T}$		0.0072** (2.02)		0.0191*** (4.19)
$Mom_{i,T}$		-0.0020 (-0.51)		0.0008 (0.23)
Obs	39849	39849	39849	39849
$Adj.\ R^2$	0.1528	0.3339	0.0233	0.1684

表 3-22（a）　假设二稳健性检验——低关注度股票

变量	R_T	R_T	R_{T+1}	R_{T+1}
$Disg_{i,T}$	0.0118*** (6.60)	0.0096*** (5.57)	0.0029 (1.44)	0.0034** (2.47)
$HighSent_T \times Disg_{i,T}$		0.0018** (1.94)		0.0015* (1.74)
$BM_{i,T}$		-0.0182*** (-2.57)		-0.0492*** (-3.18)
$Beta_{i,T}$		0.0158 (1.19)		0.0119 (1.40)
$Price_{i,T}$		0.0002 (1.07)		-0.0007* (-1.72)
$\ln(size)_{i,T}$		0.0052*** (2.71)		-0.0051 (-1.20)
$\ln(illiq)_{i,T}$		0.0231*** (3.73)		0.0208*** (3.81)
$\ln(vol)_{i,T}$		0.0157*** (2.95)		0.0229*** (4.06)
$Lev_{i,T}$		0.0125** (2.44)		0.0229*** (4.06)
$Mom_{i,T}$		-0.0125** (2.44)		-0.0084 (-1.21)
Obs	39849	39849	39849	39849
$Adj.\ R^2$	0.0548	0.2883	0.0183	0.1719

表 3-22（b）　假设二稳健性检验——高关注度股票

变量	R_T	R_T	R_{T+1}	R_{T+1}
$Disg_{i,T}$	0.0220*** (15.53)	0.0121*** (8.53)	-0.0035*** (-4.17)	-0.0018** (-2.37)
$HighSent_T \times Disg_{i,T}$		0.0035*** (3.94)		-0.0008** (-2.42)
$BM_{i,T}$		-0.0350*** (-5.13)		-0.0397*** (-4.75)
$Beta_{i,T}$		0.0102 (0.96)		-0.0123** (-2.46)

续表

变量	R_T	R_T	R_{T+1}	R_{T+1}
$Price_{i,T}$		0.0009*** (2.90)		-0.0005*** (-3.76)
$\ln(size)_{i,T}$		0.0259*** (9.29)		-0.0001 (-0.06)
$\ln(illiq)_{i,T}$		0.0726*** (9.99)		-0.0027*** (-1.19)
$\ln(vol)_{i,T}$		0.0666*** (9.25)		-0.0082** (-2.44)
$Lev_{i,T}$		0.0200*** (3.19)		0.0107** (1.99)
$Mom_{i,T}$		-0.0433*** (-8.68)		0.0025 (0.64)
Obs	39849	39849	39849	39849
$Adj.\ R^2$	0.1128	0.3142	0.0302	0.1462

本小节设计了增加控制变量的方法对假设四再次进行稳健性检验。在式（3-41）和式（3-42）中增加交易量、动量和资产负债率作为额外的控制变量，模型见式（3-49）和式（3-50）：

$$R_{i,T}=\alpha+\beta_1\times Disgt_{i,T}+\beta_2\times DSent_T\times Disg_{i,T}+\beta_3\times Beta_{i,T}+\beta_4\times BM_{i,T}+\beta_5\times Price_{i,T}+\beta_6\times\ln(size)_{i,T}+\beta_7\times\ln(illiq)_{i,T}+\beta_8\ln(vol)_{i,T}+\beta_9 Lev_{i,T}+\beta_{10}Mom_{i,T} \quad (3-49)$$

$$R_{i,T+1}=\alpha+\beta_1\times Disgt_{i,T}+\beta_2\times DSent_T\times Disg_{i,T}+\beta_3\times Beta_{i,T}+\beta_4\times BM_{i,T}+\beta_5\times Price_{i,T}+\beta_6\times\ln(size)_{i,T}+\beta_7\times\ln(illiq)_{i,T}+\beta_8\ln(vol)_{i,T}+\beta_9 Lev_{i,T}+\beta_{10}Mom_{i,T} \quad (3-50)$$

表3-23　假设四稳健性检验

变量	R_T		R_{T+1}	
$Disg_{i,T}$	0.0235 (20.01)	0.0129*** (11.43)	-0.0042 (-5.83)	-0.0023*** (-4.41)
$DSent_T\times Disg_{i,T}$		0.0042*** (5.00)		-0.0007** (-2.22)

续表

变量	R_T		R_{T+1}	
$BM_{i,T}$		-0.0210*** (-5.54)		-0.0380*** (-5.93)
$Beta_{i,T}$		0.0059 (0.68)		-0.0021 (-0.54)
$Price_{i,T}$		0.0002*** (3.14)		-0.0004*** (-5.93)
$\ln(size)_{i,T}$		0.0092*** (5.26)		0.0001 (0.04)
$\ln(illiq)_{i,T}$		0.0459*** (8.53)		-0.0034** (-2.09)
$\ln(vol)_{i,T}$		0.0426*** (8.85)		-0.0092*** (-4.28)
$Lev_{i,T}$		0.0088*** (3.44)		0.0137*** (4.43)
$Mom_{i,T}$		-0.0138*** (-4.46)		-0.0038 (-1.31)
Obs	158482	158482	158482	158482
Adj. R^2	0.1230	0.2715	0.0138	0.1048

增加了三个控制变量稳健性检验再次验证了本书的四个假设。

3.3 本章小结

本章先是建立了一个异质投资者交易的两阶段模型。投资者受异质的先验信念影响对同一条公开信息会产生不一样的解读偏差。通过模型推导发现乐观/悲观两类投资者群体内部情绪分布以及情绪的集合对风险资产的定价偏差会产生影响。本书区别与以往研究认为投资者的预期偏差对资产定价偏差的影响是由不同类型投资者的集合情绪之差（表示市场整体乐观/悲观的程度）来决定，重点强调了乐观/悲观投资者群体内部的情绪分布对定价偏差的影响。我们的模型得到结论认为定价偏差取决两类群体情绪分布的比值和两类群体集合情绪的比值。如果市场中两类群体情绪分布的比值大于两类群体集合情绪的比值时，即便市场中以悲观投资者占主导，风险资产仍存在被高估现象；反之，如果市场中两类群体情绪分布的比值小于两类群体集合情绪的比值时，即便市场中以乐观投资者占主导，风险资产仍存在被低估现象。这一结论表明，资产定价偏差不仅受两类异质投资者的集合情绪所影响，同时也受到两类投资者预期偏差的分布所影响。同时利用中国市场数据对以上模型结论进行了检验。通过选取投资者在东方财富股吧的发帖，利用文本情感分析方法从帖子中提取了投资者情绪，计算股票的价格与真实价值的偏差。发现乐观与悲观情绪的分布与股票定价偏差的关系在统计上显著，从而验证了理论模型的结论。目前，我们的模型只是两期的静态模型，对投资者异质信念和定价偏差的建模比较简单。未来多期的动态模型以及投资者的私有信息影响均可成为我们模型的未来拓展方向。

同时，作为投资者群体行为研究的重要组成部分，投资者情绪和异质信念（分歧）分别从方差和均值的角度刻画了投资者信念不同方面的特征。因此，把投资者异质信念和投资者情绪纳入资产定价问题的研究范畴中能够更准确地把握投资者的行为特点，对促进市场效率具有举足轻重的意义。本书发现，个人投资者情绪会放大异质信念（意见分歧）与股票未来收益的负相关关系，且这种效应具有异质性，高个人投资者情绪仅能放大小市值、高关注度股票的意见分歧与股票未来收益的负相关关系。此外，本书进一步关注了个人投资者情绪变化以及个人投资者极端情绪对意见分歧和股票收益之间关系的影响，丰富了投资者情绪、意见分歧与资产定价相关的文献。但本书仍存在以下四点不足之处：第一，本书在构建个人投资者情绪指标时，参考的文献较为单一，难以全面地反映个人投资者情绪。第二，本书没有单独构建个人投资者的意见分歧，未能和个人投资者情绪相对应，在研究过程中有失严谨。第三，本书没有深入分析个人投资者情绪与意见分歧之间可能存在的动态影响机制。第四，本书围绕个人投资者情绪展开相关研究，忽略了对机构投资者这一投资群体的分析，未能全面地展现这两类风格迥异的投资者的行为差异。

第4章　大数据背景下投资者异质后验信念与资产价格研究

4.1　引言

投资者的异质信念体现在先验的异质信念、后验的异质信念以及异质性信念的更新过程三个层次上。在异质信念的更新过程中，每一个投资者都会对市场中的投资组合收益有一个原始的主观概率判断（投资者的先验信念），当市场中的资产收益实现后，投资者根据自身的先验信念及所拥有的信息进行处理分析，最终形成对风险资产未来收益的一个全新的估计值。因此在对信息进行处理分析过程中很多因素都可以导致投资者异质后验信念，如从个体投资者信息获取角度造成的信息不对称或是由于“过度自信”“从众心理”“后悔理论”等心理因素所造成的各种认知偏差。

本章试图从投资者的认知偏差角度解释投资者异质信念与股票收益的关系。从投资者意见形成机制上来看，能够影响到投资者后验信念的因素有很多，投资者为了获取到更多信息，总是会不断的尝试拓展自己的信息渠道或是信息量，而对于市场中的个体投资者而言，最方便获取的就是每天市场中关于上市公司的新闻报道，这些公司层面的新闻能够帮助投资者直观快捷地了解公司动态情况，特别是专业、权威的财经媒体往往能够更直观的向投资者传递相关的股市预测或是评价信息（Barber 和 Odean，2007[61]；Tetlock，2010[62]），减少了公司与投资者之间的信息不对称性及他们的认知偏差。尤其是对于我国个体投资者而言，大部分投资者很难直接获取到一手信息或是分析专业投资报告，因此大多投资者会选择通过浏览新闻从媒体中挖掘有效信息进行投资决策，因此新闻报道数量上或是内容语气上的变化就会非常直观为投资者所捕捉并导致投资者的各种认知偏差，进而影响到投资者的信念。同时，大量文献也表明公司层面媒体报道的数量或是“情绪”都会影响到股票的收益率或是股价波动（Tetlock（2010）[62]，Bushee、Core 和 Guay 等（2010）[63]，Engelberg 和 Parson（2011）[64]，Fang 和 Peress（2009）[149]）。

因此，本研究认为市场中关于某公司新闻异常的曝光度、“媒体情绪”、媒体关注度通过影响投资者对于该公司股票的认知偏差，进而影响投资者的异质信念程度，并影响未来收益率变化。

在研究媒体新闻对于股票市场影响时，学术界普遍将全部媒体新闻作为一个完整信息流进行研究，而 Andersen（1996）[150]认为，不同的信息模式对于股票的收益、交易量以及波动率会有不同的影响，Maheu 和 Mccurdy（2004）[152]认为，新闻流应包含两个部分：（1）正常新闻流；（2）异常新闻流。而这两种信息到达模式对于个股收益、预期波动率、收益分布影响程度不同，正常新闻流对于以上几个方面会产生较为平稳的影响，而异常新闻流则会产生跳跃式的、巨大的影响。因此，为了捕捉新闻流对于投资者异质信念的影响，本书选择参考 Maheu 和 Mccurdy（2004）[152]中的方法构造每月每只股票的异常新闻曝光度，异常新闻情绪以及异常关注度指标，通过构建异常新闻指数衡量股票的异常新闻报道行为。分析其对于投资者异质信念与收益之间的影响。

在现有文章的基础上，本书的研究意义在于首先研究新闻报道对于股票市场的影响时，多选取新闻报道数量作为衡量标准，假定了新闻报道是中性的。但是现实中新闻报道中往往会带有一定感情色彩，并传递给阅读的投资者，潜移默化影响投资者的信念，首先本书将新闻特征做了更细致的划分，从不同角度验证新闻报道对于股票收益的影响。其次本书引入了投资者异质信念指标，并从认知偏差角度探讨了异常新闻指标对于投资者异质信念的影响，并发现异常新闻指标能够影响投资者异质信念与股票收益率的关系，丰富了投资者异质信念研究领域的研究结果。

本章结构如下：4.2 小节介绍本章数据选择与筛选条件；4.3 小节展示本章实证结果并进行分析；4.4 小节为本章结论。

4.2 数据与方法

4.2.1 样本股选取

本章所使用的全部数据来自于锐思数据库（www.resset.cn）。样本股选择范围包括全部 2011 年 1 月至 2017 年 3 月共 71 个月的沪深两市所有上市公司的 A 股 2373 只股票作为原始样本集，作如下处理：

（1）剔除在研究时间段内无新闻数据的股票；

（2）剔除 2011 年前已退市以及退市时间大于 4 年的股票；

（3）剔除上市时间低于 24 个月的股票；

（4）剔除每股每月分析师盈余预测值少于两个的月份，剔除异常值（均值为 0，标准差不为 0 或是均值为 0，标准差为 0）；

（5）保证所有进入样本股的股票具有关键数据的月度值。

经过以上四步的处理，本书最终得到 2315 只股票共 164365 个数据的样本集，本书样本股占全部 A 股股票的 97.6%，涵盖各种类型股票，保证了数据特征的全面性。

4.2.2 异常新闻指数的定义与构造方法

4.2.2.1 新闻数据的获取与处理

本书的新闻数据来自于东方财富网，通过编写爬虫代码下载东方财富网（www.eastmoney.com）中所有上海证券交易所和深圳证券交易所上市的 A 股在 2011 年 1 月至 2017 年 3 月之间新闻数据。东方财富网作为中国重要财经门户网站，在投资者中有广泛的影响力，网站中囊括了大量公司层面新闻，全面且及时，同时吸引大量的投资者浏览，该网站上所发布的新闻均有很高点击阅读量，因此本书选择东方网财富网中的公司新闻作为本书数据来源。最终得到的原始新闻数据中包括每只股票每天所涉及的新闻标题，相应的股票代码、新闻发布时间、阅读量。

4.2.2.2 异常新闻指数的构造方法

本书从新闻曝光度、新闻关注度、新闻情绪三个方面构建异常指标及异常新闻指数。“新闻曝光度”指新闻报道是否连续、密集，因此采用新闻报道的篇数进行衡量（游家兴，2012[151]）。“新闻关注度”代表新闻对于投资者的吸引程度，因此，关注度越高，代表新闻对于投资者的影响度越广。“新闻情绪”指新闻中所包含的乐观、悲观或是中性的情感态度，也是对投资者情绪一个最直接的影响因素。三种新闻指标的衡量方法如下。

（1）新闻情绪

如何准确的量化新闻的情绪一直是有关领域的焦点问题，从已有文献来看，常规的文本情感分析算法包括主流的分类算法，如贝叶斯、SVM 等。通常一个完整的文本情感分析包括 3 步主要层次：首先从网络上获取到原始材料，这种原始材料可以是整篇文章，也可以是一段话甚至是一个句子或一个词语，通过将材料中的信息进行主客观分离，可以有效的提取主观信息以及客观信息，并且提高了分析的精确度；其次是对指定文本进行情感倾向的分析，主要对包含主观色彩的文本从技术层面判断其情感的倾向方向及程度，从而得到情感分析的结果；最后将得出的结果应用于媒体分析，信息预测或是市场预测等相关领域。鉴于新闻的标题通常会简要概括出新闻的主要内容，因此本书对于情绪的衡量主要通过对新闻标题进行情感量化。

本书新闻情绪的量化借助于武汉大学虚拟学习团队开发的 ROST Content Mining 内容挖掘系统中的情感分析功能，该功能可以对每一条新闻的标题部分所包含的情绪倾向进行量化。该情感分析功能在学术研究中应用的相关中文文本分析文献支撑包括黄润鹏，左文明和毕凌燕（2015）[153]、Shen（2008）[154]等文献。通过 ROST content mining 内容挖掘系统中的情感分析功能我们可以得到每一条新闻所包含的情绪得分序列 $\{News\_sent_i\}$。ROST content mining 内容挖掘系统中的情感分析功能的打分标准如表 4 - 1 所示。

表 4-1　　　　ROSTContent Mining 打分标准

标准	积极情绪	消极情绪
一般	0 至 10	-10 至 0
中度	10 至 20	-20 至 -10
高度	20 以上	-20 以下

注：0 分表示情感倾向为中性。

经过系统量化后最终共得到 294931 条新闻情绪数据，具体情绪分布如表 4-2所示。

表 4-2　　　　样本股新闻情绪分布统计

样本分类	新闻数（条）	占比（%）
Panel A. 全样本：		
积极情绪	103121	34.96
中性情绪	149828	50.80
消极情绪	41982	14.23
Panel B. 积极情绪分级		
一般（0-10）	86155	29.21
中度（10—20）	14364	4.87
高度（20 以上）	2602	0.88
Panel C. 消极情绪分级		
一般（10-0）	36110	12.24
中度（-20—-10）	4697	1.59
高度（-20 以下）	223	0.08

得到每只股票每日新闻情绪数据后，计算每只股票月新闻情绪值，此处在计算月新闻情绪时采用等权平均方法计算股票月度新闻情绪，具体计算方法如下：

$$SENTI_{im} = \frac{\sum_{j=1}^{N} senti_j}{N_{im}} \quad (4-1)$$

其中，$SENTI_{im}$为市场舆论对于股票 i 在第 m 月的平均情绪；N_{im}为当月新闻总数量；$senti_j$ 为当月逐条新闻的情绪评分，利用其反映当月市场舆论对股票的情绪导向。

（2）新闻曝光度

新闻曝光度主要通过股票 i 在第 m 月时所涉及的所有新闻数量之和进行

衡量，记为 N_{im}。月度新闻数量越大，说明该月新闻曝光度越高。

（3）新闻关注度

当投资者在财经网站中阅读新闻时，如新闻标题能够引起自己的关注，无论是引发共鸣抑或是产生疑问，投资者均会点开链接进行阅读，因此本书以新闻阅读量来对新闻关注度进行衡量。具体指标包括衡量股票 i 在第 m 月时所涉及的所有新闻阅读量之和的新闻总阅读量（$News\_rd$）与衡量股票 i 在第 m 月时所涉及的所有新闻的总阅读量与总新闻数量比值的当月平均阅读量（$\overline{News\_rd}$），记作：

$$\overline{News\_rd} = \frac{News\_rd_{i,m}}{N_{i,m}} \tag{4-2}$$

（4）异常新闻指标的定义

本书参照 Maheu 和 McCurdy（2004）[152] 以及 Bali、Bodnaruk 和 Scherbina 等（2017）[155] 等涉及异常新闻流衡量方法的文章，将股票月新闻流分解为正常新闻流（Usual News Flow）与异常新闻流（Unusual News Flow），具体定义方法如下：①异常新闻曝光度（异常新闻流）：若当月的新闻数量大于该股票前四个月的新闻数量的均值，则认为该股票的新闻流存在异常新闻曝光度，并将异常新闻曝光度虚拟变量赋值为1；否则，认为该股票的新闻流不存在异常新闻曝光度，并将异常新闻曝光度虚拟变量赋值为0。②异常新闻关注度：本书定义两组异常关注度虚拟变量分别作为异常关注度高涨和异常低落的反映，用股票当月平均阅读量并除以该股票前四个月平均阅读量的均值，若该值大于1.25，说明该股票在当月所受到的关注程度异常高涨，对异常高关注度虚拟变量赋值为1，异常低关注度虚拟变量赋值为0；若该值小于0.75，说明该股票在当月所受到的关注程度异常低落，对异常低关注度虚拟变量赋值为1，异常高关注度虚拟变量赋值为0。③异常新闻情绪：同异常新闻关注度定义方法，用股票当月情绪除以该股票前四个月平均情绪的均值，若该值大于1.25，说明该股票当月的新闻报道内容的情绪异常积极，对异常高情绪虚拟变量赋值为1，异常低情绪虚拟变量赋值为0；若该值小于0.75，说明该股票当月的新闻报道内容的情绪异常消极，对异常低情绪虚拟变量赋值为1，异常高情绪虚拟变量赋值为0。

（5）异常媒体指数的构造

通常指数的构建包括以下几种方法：综合评分法、层次分析法、TOPSIS法、判别分析法、聚类分析法、支持向量机法、主成分分析法、人工神经网络法、模糊综合评价法等。每个方法都有其优势及劣势。本书中选取广泛用于指标构建的主成分分析法为本书构建异常新闻指数。

主成分分析法又称为主分量分析法，用于解决评价过程中多指标所带来的复杂性问题的一种多元统计分析方法。主成分分析法认为如果原来的指标之间存在一定相关性，则可以通过一定的方法将这些指标组合成一组新的综合性指标。这些新的指标之间不存在相关性的同时还存在一个显著的特点，即第一个新指标携带原来指标的信息量最多；第二个新指标所携带的信息含量次之，随后依次递减；第三个新指标所携带的信息含量最少。如果前几个新指标所携带的信息含量足够多，则可以忽略其余低信息含量指标。由此筛选出来的主要指标可以减少指标数量，减少分析工作量，是一个常用构建指标的有效方法。

依据构建好的异常新闻曝光度指标、异常新闻关注度指标以及异常新闻情绪指标，本书对异常新闻流虚拟变量、异常关注度虚拟变量和异常情绪虚拟变量进行标准化，使用主成分分析法对其进行综合，以构建反映异常新闻报道行为的指数。主成分分析的结果由SPSS计算得到，由主成分分析法计算所得的总方差解释矩阵如表4－3所示。由表4－3可以看出，由于前两个主成分的累计方差解释率达到了84.307%，已经包含了异常新闻流虚拟变量、异常关注度虚拟变量和异常情绪虚拟变量中绝大部分的信息，因此选择前两个主成分即可满足需要。前两个主成分的成分矩阵由表4－4所示。

表4－3　　总方差解释

成分	特征值	方差（%）	累积（%）
1	1.638	54.590	54.590
2	0.892	29.717	84.307
3	0.471	15.693	100.000

表 4-4　　成分矩阵

变量	成分 1	成分 2
异常曝光度虚拟变量	0.488	0.873
异常关注度虚拟变量	0.837	-0.255
异常情绪虚拟变量	0.837	-0.255

根据表 4-4 可以看出，成分 1 中异常曝光度虚拟变量、异常关注度虚拟变量和异常情绪虚拟变量的因子系数分别为 0.488、0.837 和 0.837，成分 2 中异常曝光度虚拟变量、异常关注度虚拟变量和异常情绪虚拟变量的因子系数分别为 0.873、-0.255、-0.255。上述结果说明：第一，成分 1 主要反映了异常新闻报道行为中的异常关注度和异常情绪，成分 2 主要反映了股票的异常曝光程度对新闻异常报道行为的正向作用以及异常关注度和异常情绪对新闻异常报道行为的反向作用。第二，成分 1 和成分 2 中，异常关注度虚拟变量和异常情绪虚拟变量的系数均极为接近，由此可以说明媒体异常报道行为与股票的异常关注度和异常情绪之间的关联非常密切。

根据成分矩阵中各个主成分中的异常曝光量虚拟变量、异常关注度虚拟变量和异常情绪虚拟变量的系数，以主成分 1 和主成分 2 对应的特征根 1.638 和 0.892 作为权重，对前两个主成分的结果进行加权平均，进而可以得到反映媒体对于股票的异常报道行为的指数，其计算方法如下：

$$\text{异常行为指数} = 0.624 \times \text{异常新闻流虚拟变量} + 0.452 \times \text{异常关注度虚拟变量} + 0.452 \times \text{异常情绪虚拟变量}$$

分别将样本期每一只股票在每一个月中异常曝光度虚拟变量、异常关注度虚拟变量和异常情绪虚拟变量的值代入上式，即可计算得到 t 时期，媒体对第个上市公司的异常媒体指数。至此，本节完成了基于新闻报道大数据的反映媒体报道异常行为指数的构建工作。

4.2.3　投资者异质信念程度的测度

目前，广泛为学术界所认可的投资者异质信念程度指标包括分析师盈余预测分歧，交易量，异常交易量、换手率、买卖价差等，但从本书第二章中对投资者分歧程度测度指标的介绍我们也可以发现，现阶段而言无论哪种指标都有其意义但同时也存在着一定弊端，本书选择分析师盈余预测分歧作为本书投资者异质信念代理变量主要有两点原因：首先，本书通过对相关文献整理发现，分析师盈余预测分歧是目前较为常用的衡量投资者异质信念的替代指标，无论是基于国外股票市场或是基于中国股票市场，均有学者以此作为投资者异质信念指标进行研究，并解释相关金融市场异象等其他现象（邓路和廖明情，2013[156]、王静（2015）[157]等）。其次，近些年随着我国金融市场的不断发展，股票市场制度逐渐完善并朝着规范化的方向前进，我国股票分析师经验不断累积，专业水平逐步提高，针对于上市公司的盈余预测数据也越来越多，尤其是从2007年开始，无论从数量还是质量都较以往有了很大进步，到本书样本期起始年2011年时，我国股票市场已经有了一定规模的分析师盈余预测数据，因此作为研究具备一定合理性。最后，基于以上两点，选取分析师盈余预测的分歧度作为本书投资者异质信念程度的代理变量。分析师盈余预测分歧度的具体计算公式参照 Yu 和 Yuan（2011）[17]中对分析师异质信念的测度方法：

$$Disg_{i,t} = \frac{\sigma_{i,t}}{|\mu_{i,t}|} \qquad (4-3)$$

其中，$Disg_{i,t}$代表股票i在t月的投资者异质信念程度，$\sigma_{i,t}$代表分析师预测对股票i在t月的所有$EPS(t+1)$预测值的标准差，$\mu_{i,t}$代表分析师对股票i在t月所有$EPS(t+1)$预测值的均值。

本书对于投资者分歧指标的处理主要分为以下步骤：

（1）剔除未发布$EPS(t+1)$的月份，按月统计每股每月$EPS(t+1)$的数量，并剔除数量少于2的月份。

（2）计算每股每月$EPS(t+1)$的均值和标准差，并计算标准差除以均值的绝对值作为投资者分歧指标，记为 Disag。若当月$EPS(t+1)$的均值为0，则将该月数据作为异常值进行剔除，共剔除数据82条。最终，共得到有效数据72015条。

4.2.4 其他控制变量

本书选取了影响股票收益的控制变量、公司特征控制变量、信息环境、流动性控制变量。其中为了控制影响股票收益的变量，选取 Fama - French 三因子数据及市盈率。为了控制公司特征变量选取市值规模（Size），以月末流通市值的自然对数代表；账面市值比（B/M），月末收益率与月末收盘价的比值；系统性风险 Beta，利用标准 CAPM 模型估计。为了控制信息环境方面，使用当月发布针对该股票 $EPS(t+1)$ 的分析机构数。为了控制流动性，选取 Amihud（2002）[158] 提出来的非流动性指标 ILLIQ 作为本书控制流动性指标，具体计算公式如下：

$$ILLIQ_{im} = \frac{1}{n_{im}} \sum_{t=1}^{n_{im}} \frac{|R_{it}|}{VOL_{it}} \tag{4-4}$$

其中，$|R_{it}|$为股票 i 在第 m 月第 t 天日收益率的绝对值，VOL_{it}为股票 i 在第 m 月第 t 天的日成交额，n_{im}为股票 i 在第 m 月中的非零交易天数。所以 $ILLIQ_{im}$实际衡量就是每单位成交量的股价变动水平，是流动性研究文献中广泛使用的衡量指标。

4.3 实证结果与分析

基于以上数据以及指标，接下来将用实证检验的方法分析异常新闻流对投资者异质信念程度与股票收益之间关系的影响。

4.3.1 描述统计结果

对筛选后样本中的新闻数据结果按照市值与新闻情绪大小分组进行描述统计分析，具体步骤如下：

第一步，按照 Maheu 和 McCurdy（2004）[152] 方法将每只股票每月的新闻流分为异常新闻流与非异常新闻流，分别对两类新闻流中每月不同股票的流通市值从小到大进行排序（若某一只股票在某月的流通市值为0，说明该股票在当月并未进行交易，将该股票在该月的数据进行剔除，不参加市值的排序），根据排序结果对股票进行三等分，其中流通市值最小的1/3股票为小市值组，流通市值最大的1/3股票为大市值组，其他股票为中市值组。

第二步，在第一步和第二步中得到异常新闻流股票数据和非异常新闻流股票数据的小市值组、中市值组和大市值组中，按照每只股票每月的情绪倾向进行分组，若该只股票该月的情绪大于0，则该只股票分至积极情绪组；若该只股票该月的情绪等于0，则该只股票分至中性情绪组；若该只股票该月的情绪小于0，则该只股票分至消极情绪组。

上述的分组过程将本书的数据分为24组，分别计算每组中各股票每月新闻数量的均值、情绪的均值和标准差、平均阅读量的均值、投资者分歧的均值和异常交易量的均值，结果如表4-5所示。

表4-5　　　　新闻数据分组描述性统计结果

样本分类	异常新闻流			正常新闻流		
	小市值	中市值	大市值	小市值	中市值	大市值
Panel A. 全样本：						
新闻曝光度	3.93	4.06	7.72	0.25	0.38	1.40
新闻情绪	1.23 (3.82)	1.38 (3.68)	1.51 (3.68)	0.17 (1.76)	0.29 (2.27)	0.62 (2.77)
新闻关注度	78694.3	81670.7	152065.4	6243.2	9366.9	29562.4
投资者异质信念	0.22	0.24	0.23	0.17	0.22	0.19
异常交易量	1.09	1.20	1.20	1.00	1.07	1.06
Panel B. 正向情绪组：						
新闻曝光度	4.83	5.02	9.79	2.12	2.15	4.94
新闻情绪	3.75 (3.35)	3.70 (3.19)	3.28 (2.93)	5.09 (4.21)	5.18 (4.24)	4.36 (3.96)
新闻关注度	97066.4	105783.3	209408.1	54534.8	55476.7	114099.0
投资者异质信念	0.22	0.22	0.22	0.25	0.25	0.21
异常交易量	1.09	1.19	1.21	0.95	1.05	1.02
Panel C. 中性情绪组：						
新闻曝光度	2.09	2.18	2.77	0.09	0.14	0.31
新闻关注度	42931.4	38009.4	36748.7	2237.4	3322.8	5316.3

续表

样本分类	异常新闻流			正常新闻流		
	小市值	中市值	大市值	小市值	中市值	大市值
投资者异质信念	0.20	0.24	0.26	0.17	0.21	0.19
异常交易量	1.04	1.15	1.13	1.01	1.07	1.07
Panel D. 负向情绪组:						
新闻曝光度	4.69	4.46	6.88	2.23	2.07	3.61
新闻情绪	-2.87 (3.38)	-2.72 (3.17)	-2.25 (2.88)	-4.04 (4.37)	-4.25 (4.97)	-3.10 (3.64)
新闻关注度	90907.3	85882.4	104844.0	55790.6	51213.3	62267.7
投资者异质信念	0.29	0.31	0.22	0.29	0.28	0.21
异常交易量	1.15	1.30	1.23	0.98	1.05	1.04

注：本表其中新闻曝光度，以新闻报道数量表示。新闻情绪，为等权平均后的平均新闻情绪，括号中是情绪分布标准差。新闻关注度，以新闻阅读量计算，为等权平均后的平均新闻阅读量。投资者异质信念，参照 Yu 和 Yuan（2011）[17] 方法，以分析师对上市公司未来 EPS 的长期预测值的分散度表示。异常交易量为本月交易金额与上一个月交易金额的比值表示。由于中性情绪组新闻情绪均为 0，故本表中不再展示中性情绪组中的新闻情绪项。

从表 4-5 可以发现，异常新闻流组的情绪均值与关注度均高于正常新闻流组，可以推断当市场中发布大量关于某公司的报道时，往往会伴有某一大事件发生，因此新闻中会流露出一定的态度情感，而此时异常大量新闻的发布也同样会引起投资者的关注，从而对于新闻的关注度也会高于往常。随着上市公司市值越大，相应的新闻报道数量越多，公司的曝光程度越高。大市值公司较小市值公司而言总体新闻情绪更为正向，而将情绪分组后可以发现，大公司的新闻情绪较小公司无论从新闻情绪均值或是新闻情绪的分歧程度来说都更趋向理性。且异常新闻流组股票的情绪均值与情绪分歧程度高于正常新闻流。对于平均阅读量来说，异常新闻流组中，大市值组的平均阅读量反而小于小市值组和中市值组，这一结果可能是由于大市值组的新闻数更大稀释了平均阅读量。对于投资者异质信念而言，异常新闻流的投资者异质信念程度高于正常新闻流。

由此可以看出，首先，异常新闻流股票受到的总体关注程度要强于非异常新闻流股票，且当股票属于大市值组或当月该股票的情绪有特定倾向（如积极或消极）时，股票受到的关注更多。其次，异常新闻流股票的积极情绪和消极情绪的极端程度大于非异常新闻流股票。最后，异常新闻流股票的投资者异质信念大于非异常新闻流股票的投资者异质信念。对主要指标做 Pearson 相关性检验结果如表 4－6 所示。

表 4－6　　相关性检验

变量	投资者异质信念	异常交易量	异常曝光度	异常关注度	异常情绪	*Beta*	*Size*
投资者异质信念	1.00	0.009 (0.04)	0.013 (0.00)	0.010 (0.026)	0.010 (0.025)	－0.013 (0.006)	0.022 (0.00)
异常交易量		1.00	0.056 (0.00)	0.111 (0.00)	0.035 (0.00)	0.001 (0.77)	0.001 (0.89)
异常曝光度			1.00	0.390 (0.00)	0.10 (0.00)	0.026 (0.00)	0.048 (0.00)
异常关注度				1.00	0.238 (0.00)	0.000 (0.975)	－0.009 (0.036)
异常情绪					1.00	－0.013 (0.003)	－0.034 (0.00)
Beta						1.00	－0.063 (0.00)
Size							1.00

注：本表中新闻曝光度，以新闻报道数量表示；新闻情绪，为等权平均后的平均新闻情绪；新闻关注度，以新闻阅读量计算，为等权平均后的平均新闻阅读量。投资者异质信念，参照 Yu 和 Yuan (2011)[152] 方法，以分析师对上市公司未来 EPS 长期预测值的分散度表示。异常交易量为本月交易金额与上一个月交易金额的比值表示。系统性风险（*Beta*）通过 CAPM 模型估计；市值规模（*Size*），以月末流通市值的自然对数代表。括号中均为显著性 P 值。

从表 4－6 可以看出新闻的异常曝光度、异常关注度和异常情绪均与投资者异质信念均存在正向显著关系。异常交易量与三个异常新闻指标同样存在显著正向关系，且相关性较投资者异质信念与三个异常新闻指标的关系更高。本书第 2 章中曾介绍异常交易量也可作为投资者异质信念的衡量指标，但由于异常交易量指标与众多股票中的关键因素相关，可以同时反应“价”与“量”的变化，并不能完全代表异质信念，因此本书仍以分析师盈余预测的分散度作为主要投资者异质信念观测指标。

4.3.2 异常新闻指标与投资者分歧

本小节主要通过将投资者分歧指标作为被解释变量，分别将不同滞后期（滞后1、2、3期）的异常曝光程度、异常关注度和异常情绪虚拟变量作为解释变量进行回归。分析和对比加入控制变量前后的结果，研究异常的曝光程度、关注水平和情绪倾向对投资者分歧的影响。

通过 Fama - Macbeth（1973）[86] 的方法对每个月股票进行横截面回归，具体公式为：

$$Disg_{i,t} = Intercept_t + b_t X_{i,t-1} + \varepsilon_{i,t} \quad (4-5)$$

其中，$D\,isg_{i,t}$ 为股票 i 在第 t 期的投资者异质信念，$Intercept_t$ 为回归后的截距项，$X_{i,t-1}$ 为解释变量，b_t 为相应的回归系数。同时可以得到这些系数在时间序列上的均值和显著性。同时在回归中所选取的解释变量都严格滞后1、2、3期，尤其可以反映出解释变量对于未来投资者异质信念的预测解释能力。

表4-7　　异常新闻曝光度与投资者异质信念回归结果

被解释变量：*Disagreement*										
变量	(1)	(2)	(3)	(4)	(5)	(6)	(7)	(8)	(9)	(10)
Exp(*t*)	0.02 (3.69)	0.01 (2.85)							0.01 (2.75)	0.02 (3.4)
Exp(*t*-1)			0.01 (2.45)	0.008 (1.87)					0.01 (1.2)	0.004 (0.73)
Exp(*t*-2)					0.01 (3.01)	-0.005 (1.16)			-0.005 (-1.1)	-0.01 (-1.3)
Exp(*t*-3)							0.01 (1.25)	0.02 (4.01)	0.018 (3.93)	0.012 (2.46)
常数	0.199	-0.182	0.202	0.065	0.202	0.208	0.207	-0.017	0.187	-0.553
控制变量	否	是	否	是	否	是	否	是	否	是

注：依照公式：$R_{i,t} = Intercept_t + b_t X_{i,t-1} + \varepsilon_{i,t}$，使用 Fama - Macbeth 回归方法对异常新闻曝光度与投资者异质信念进行回归，结果已经过 Newey - West 调整异方差和序列自相关。其中，$Exp(t)$ 表示 t 期异常新闻曝光度，$Exp(t-1)$ 为 $t-1$ 期异常新闻曝光度，以此类推。括号中为相关回归系数显著性的 t 值统计量。

根据表4－7中的结果可以发现，对不同滞后期的异常新闻曝光度虚拟变量单独进行回归时，不论是否加入控制变量，当期的和滞后1期的异常新闻曝光度虚拟变量对投资者分歧的回归系数均显著为正。但当加入控制变量后，滞后2期的回归系数为负且不显著。这一结果表明，异常曝光度对投资者分歧存在着显著的即刻正向影响，且这一影响作用仅存在一定的短期持续性。

表4－8　　异常新闻关注度与投资者异质信念回归结果

被解释变量：Disagreement										
变量	(1)	(2)	(3)	(4)	(5)	(6)	(7)	(8)	(9)	(10)
$Att\_1(t)$	0.01 (2.15)	0.007 (1.52)							0.004 (0.73)	0.01 (1.24)
$Att\_2(t)$	0.023 (5.06)	0.02 (4.35)							0.01 (3.38)	0.02 (3.43)
$Att\_1(t-1)$			0.008 (1.8)	0.007 (1.46)					−0.001 (−0.1)	−0.004 (−0.6)
$Att\_2(t-1)$			0.014 (2.94)	0.012 (2.36)					0.004 (0.79)	0.004 (0.67)
$Att\_1(t-2)$					0.017 (3.56)	0.020 (4.00)			0.009 (1.92)	0.015 (2.73)
$Att\_2(t-2)$					0.016 (3.45)	0.017 (3.50)			0.008 (1.67)	0.010 (1.74)
$Att\_1(t-3)$							0.020 (4.28)	0.019 (3.82)	0.014 (2.93)	0.014 (2.47)
$Att\_2(t-3)$							0.021 (4.61)	0.019 (3.87)	0.015 (3.08)	0.012 (2.17)
常数	0.188	−0.123	0.194	0.119	0.188	0.329	0.183	−0.108	0.166	−0.239
控制变量	否	是	否	是	否	是	否	是	否	是

注：依照公式：$R_{i,t} = Intercept_t + b_t X_{i,t-1} + \varepsilon_{i,t}$ 使用Fama－Macbeth回归方法对异常新闻关注度与投资者异质信念进行回归，结果已经过Newey－West调整异方差和序列自相关。其中 Att_1 表示 t 期新闻关注度异常高涨，Att_2 表示 t 期新闻关注度异常低落，以此类推。括号中为相关回归系数显著性的t统计量。

根据表4－8中的结果可以看出，对不同滞后期的异常关注度虚拟变量单独进行回归时，不论是否加入控制变量，滞后2期和滞后3期异常高的新闻关注度对投资者分歧的回归系数显著为正，而异常低的新闻关注度在各时期对投资者分歧的回归系数显著为正。这一结果表明，当投资者对股票的关注度异常低落时，此时投资者关注度会对投资者分歧产生显著的、持续性的正向影响，关注度越高，投资者异质信念程度越高，但是投资者对股票异常高涨的关注度并不会在当期立即对投资者分歧产生影响。

表 4 -9　　　　异常新闻情绪与投资者异质信念回归结果

被解释变量：Disagreement										
变量	(1)	(2)	(3)	(4)	(5)	(6)	(7)	(8)	(9)	(10)
*Senti*1(*t*)	0.014 (3.07)	0.01 (2.15)							0.010 (2.22)	0.011 (2.04)
*Senti*2(*t*)	0.024 (5.17)	0.02 (4.11)							0.018 (3.67)	0.018 (3.32)
*Senti*1(*t* -1)			0.006 (1.38)	0.006 (1.18)					0.002 (0.39)	0.003 (0.57)
*Senti*2(*t* -1)			0.021 (4.56)	0.019 (3.89)					0.013 (2.76)	0.014 (0.57)
*Senti*1(*t* -2)					0.009 (1.87)	0.012 (2.49)			0.003 (0.72)	0.003 (0.65)
*Senti*2(*t* -2)					0.014 (3.16)	0.017 (3.56)			0.006 (1.13)	0.008 (1.42)
*Senti*1(*t* -3)							0.005 (1.18)	0.003 (0.69)	0.000 (0.03)	-0.001 (-0.2)
*Senti*2(*t* -3)							0.016 (3.51)	0.014 (2.89)	0.007 (1.47)	0.005 (0.89)
常数	0.183	-0.059	0.188	0.179	0.193	0.361	0.193	-0.123	0.166	-0.213
控制变量	否	是	否	是	否	是	否	是	否	是

注：依照公式：$R_{i,t} = Intercept_t + b_t X_{i,t-1} + \varepsilon_{i,t}$，使用 Fama - Macbeth 回归方法对异常新闻情绪与投资者异质信念指标进行回归，结果已经过 Newey - West 调整异方差和序列自相关。其中，*Senti*_1 表示 *t* 期新闻情绪异常高涨，*Senti*_2 表示 *t* 期新闻情绪异常低落，以此类推。括号中为相关回归系数显著性的 t 统计量。

根据表 4 -9 中的结果可以看出，异常低的新闻情绪无论是当期或是滞后期均与投资者分歧均存在显著的正向关系，可见新闻报道中媒体观点情绪越低落，会导致越高的投资者异质信念，且这种对投资者异质信念影响随着滞后期期数的增加越来越小，但长期来看均存在这种影响。而异常高涨的情绪却仅在当期产生显著影响，而不存在长期影响，表明新闻报道中对股票情绪倾向的异常高涨会对投资者分歧产生即刻的显著正向影响，但该影响作用不存在持续性。

综合上述，股票的曝光程度、投资者对股票的关注水平和投资者的情绪倾向均会对投资者异质信念产生显著的影响，而影响的发生时间和持续性会体现出不同的特点。其中，异常高涨的新闻关注度或是新闻情绪会对市场中的投资者产生当期的影响，使投资者间的异质信念程度增加，而异常低落的关注度或是新闻情绪则会对市场中的投资者产生较为长远的影响，所谓“一朝被蛇咬，十年怕井绳”，可见不好的消息对于市场投资者的冲击要远大于好消息对于投资者的影响，一旦股票的市场出现异常负面舆论，会打破投资者对于该股票的固有印象，从而影响其长期对于该股票的投资决策。

4.3.3 异常新闻指标与股票收益的关系研究

本节意图研究股票的异常新闻曝光程度、关注度与新闻情绪倾向与股票收益的关系。由于 Fama – MacBeth 能够很好地处理资产价格的时间效应，在检验影响横截面差异因素的显著性上具有优势，因而本节使用 Fama – Macbeth 回归模型进行分析。

在回归模型构造过程中，以股票当月的收益为被解释变量，首先分别使用新闻异常曝光度、异常关注度即异常情绪的虚拟变量，以及投资者分歧指标作为解释变量，同时加入的控制变量构建 Fama – MacBeth 模型。本节所使用的控制变量为滞后一阶的股票收益率、Fama 三因子（市场溢酬因子、市值因子和账面市值比因子）以及 Amihud 非流动性因子（ILLIQ）以及股票异常交易量。其中异常新闻曝光度、异常新闻关注度和异常新闻情绪的虚拟变量以及投资者异质信念指标在前文构建已得，根据回归结果分析新闻的异常曝光程度、关注度以及情绪倾向是否会对股票收益产生显著的影响。

本书在构建的 Fama – MacBeth 模型过程中主要具体分为两个步骤：

第一步，按月选择时间节点 t，建立如下的回归方程：

$$R_t = \alpha_t + \beta_{0t}X_t + \beta_{1t}Disg_t + \sum_i \beta_{i,t}CONTROL_{it} + \varepsilon_t \qquad (4-6)$$

其中，R_t 为 t 时刻的股票收益率，X_t 为 t 时刻的解释变量（异常曝光度、异常关注度和异常情绪的虚拟变量其中之一），$Disg_t$ 为 t 时刻的投资者分歧，β_{0t}，β_{1t}，β_{it}为回归系数，$CONTROL_{it}$为在 t 时刻的第 i 个控制变量（$i=2$，3，4…），ε_t 为 t 时刻的残差。使用 t 时刻的横截面数据对方程（4-6）进行回归，得到 t 时解释变量和控制变量系数的估计值 β_{it}（$i=0$，1，2…）以及常数项的估计值 α_t。改变时间节点 t 并重复该过程，得到同一个解释变量在不同时刻的回归系数。

第二步，根据每一个解释变量和常数项在不同时刻的回归估计值序列 $\{\alpha_t\}$ 和 $\{\beta_{it}\}$，对其取均值，得到 Fama - MacBeth 方程的系数估计值，计算方法如下：

$$\alpha = \frac{1}{N}\sum_t \alpha_t \qquad (4-7)$$

$$\beta_i = \frac{1}{N}\sum_t \beta_{i,t} \qquad (4-8)$$

其中，N 为月份数量。由此，可以得到方程如下：

$$R = \alpha + \beta_0 x + \beta_1 Disg + \sum_i \beta_i CONTROL_i + \varepsilon \qquad (4-9)$$

其中，ε 为残差。之后，计算回归系数 β_i 的 t 值 T_i，以对其显著性进行 t 检验。

根据以上 Fama - MacBeth 模型两步法回归得到结果如表 4-10 所示。

表 4-10 异常新闻指标对投资者分歧与收益影响的 Fama - Macbeth 回归结果

变量	(1)	(2)	(3)	(4)	(5)
异常曝光度	0.125 (6.40)				
异常关注度（高）		0.110 (5.81)			
异常关注度（低）			-0.121 (-7.64)		

续表

变量	(1)	(2)	(3)	(4)	(5)
异常新闻情绪（高）				0.057 (3.51)	
异常新闻情绪低）					-0.048 (-2.51)
投资者分歧	-0.040 (-2.24)	-0.040 (-2.22)	-0.036 (-2.02)	-0.038 (-2.08)	-0.038 (-2.09)
收益率（t-1）	-0.056 (-3.08)	-0.056 (-3.14)	-0.057 (-3.03)	-0.054 (-2.90)	-0.055 (-3.01)
市场溢酬因子	0.112 (6.92)	0.110 (6.98)	0.110 (7.23)	0.110 (7.21)	0.110 (7.13)
市值因子	0.058 (5.79)	0.057 (5.78)	0.059 (5.58)	0.058 (5.78)	0.063 (5.95)
账面市值比因子	-0.028 (-2.68)	-0.027 (-2.61)	-0.029 (-2.59)	-0.027 (-2.53)	-0.031 (-2.83)
非流动性指标	1.028 (5.62)	1.043 (5.75)	0.950 (5.03)	1.005 (5.39)	0.955 (5.14)
常数	-0.010	-0.007	0.018	0.002	0.013

注：依照公式：$R = \alpha + \beta_0 x + \beta_1 Dis + \sum_i \beta_i CONTROL_i + \varepsilon$，使用 Fama - Macbeth 回归方法对三个异常新闻指标及投资者异质信念与股票收益率进行变量的回归，结果已经过 Newey - West 调整异方差和序列自相关。其中新闻曝光度，以新闻报道数量表示。新闻情绪，为等权平均后的平均新闻情绪，括号中是情绪分布标准差。新闻关注度，以新闻阅读量计算，为等权平均后的平均新闻阅读量。投资者异质信念，参照 Yu 和 Yuan（2011）[17]方法，以分析师对上市公司未来 EPS 长期预测值的分散度表示。控制变量包括 Fama 三因子，t - 1 月收益率，以及参照 Amihud（2002）[158]方法计算的非流动性指标控制流动性。括号中为相关回归系数显著性的 t 统计量。

根据表 4 - 10 中的结果可以看出，异常曝光度、异常高涨的关注度指标及异常高的新闻情绪对股票收益率均有着显著的正向影响，而异常低落的关注度和异常负向的新闻情绪对收益率有显著的负向影响。说明投资者对于股票公司层面的新闻关注度以及异常高涨的新闻报道情绪倾向会显著拉动当期股票收益率的增长，但是否有长期效应有待进一步研究。该结论也与研究中国市场中的股票关注度与股票收益的相关文献一致（刘锋、叶强和李一军，

2014[159]，岑维、李士好和童娜琼，2014[160]等）。而股票的异常曝光程度与股票当期收益呈显著正相关，此结果也与 Bali、Bondnaruk、Scherbina 等（2017）[155]研究结果一致，股票异常曝光程度会提高股价导致当期收益率显著提高。而当投资者对于股票公司层面的新闻关注度以及异常低落的新闻情绪倾向则显著与股票当期收益率呈负向关系。此外，投资者对股票收益预期的分歧程度对股票的收益存在显著的负向作用，投资者的异质信念程度越高，股票收益率越低。这也与 Miller（1977）[13]、Yu 和 Yuan（2011）[17]等文章结果一致。因此，由表 4-10 可以看出，股票的异常曝光程度、投资者对于股票公司层面的新闻关注度、新闻报道中的情绪倾向以及投资者异质信念均会非常显著地影响股票收益率。

4.3.4 异常媒体指数影响分析

本小节将进一步研究是否异常新闻指数会影响投资者异质信念与预期股票收益之间的关系。Miller（1977）[13]发现，投资者异质信念与股票收益存在显著负向关系。Yu（2011）[22]也认为，投资者异质信念程度高可能是由于投资者对于股票未来价格高度的不确定性所致。而本书 4.3.3 中我们验证了 3 个异常新闻指标：异常新闻曝光度、异常关注度以及异常情绪能够不同程度影响投资者异质信念与股票收益。因此，我们推测综合 3 种异常指标的异常媒体指数会对投资者异质信念与股票收益率之间的关系产生显著影响。

为了验证我们的推测，我们建立了以下横截面回归模型：

$$R_{i,t+1} = \alpha_1 + \alpha_2 D_{i,t} + \beta_1 Disg_{i,t+1} + \beta_2 D_{i,t} \times Disg_{i,t+1} + Controls_{i,t} + \varepsilon_{i,t+1} \tag{4-10}$$

其中，R_{t+1}为股票 i 在 $t+1$ 时期的收益率，$D_{i,t}$为股票 i 在 t 时期的异常媒体指数值虚拟变量，当新闻媒体报道高度异常时，$D_{i,t}$取值为 1，当新闻媒体报道异常度低时 $D_{i,t}$取 0，$Disg_{i,t+1}$代表股票 i 在 $t+1$ 时期的投资者异质信念程度，$Controls_{i,t}$代表各个控制变量。

表 4-11　　投资者异质信念与异常媒体报道指数

变量	(1)	(2)	(3)	(4)	(5)
异常新闻指数虚拟变量	-0.003 (-1.34)	-0.003 (-0.58)		-0.005 (-0.4)	-0.005 (-0.47)
分歧		-0.054 (-3.05)	-0.044 (-1.89)		-0.049 (-2.17)
指数 * 分歧			-0.033 (-2.94)	-0.035 (-3.62)	-0.029 (-2.87)
当月收益率	-0.030 (-1.74)	-0.030 (-1.78)	-0.030 (-1.64)	-0.029 (-1.71)	-0.031 (-1.79)
个股 BETA	0.007 (0.68)	0.009 (0.88)	0.009 (0.85)	0.008 (0.72)	0.009 (0.89)
市场溢酬因子	0.011 (0.65)	0.011 (0.66)	0.010 (0.60)	0.011 (0.65)	0.011 (0.67)
市值因子	-0.014 (-0.82)	-0.014 (-0.81)	-0.014 (-0.82)	-0.014 (-0.82)	-0.013 (-0.80)
账面市值比因子	0.005 (0.30)	0.006 (0.33)	0.005 (0.29)	0.005 (0.29)	0.005 (0.32)
非流动性指标	0.464 (2.85)	0.483 (2.92)	0.506 (2.66)	0.477 (2.93)	0.483 (2.92)
常数项	-0.007	-0.008	-0.008	-0.008	-0.009
R * R (%)	5.87	6.26	5.61	6.05	6.49

注：本表依照公式：$R_{i,t+1} = \alpha_1 + \alpha_2 D_{i,t} + \beta_1 Disg_{i,t+1} + \beta_2 D_{i,t} \times Disg_{i,t+1} + Controls_{i,t} + \varepsilon_{i,t+1}$ 使用 Fama-Macbeth 回归方法对三个异常新闻指标及投资者异质信念与股票收益率进行变量的回归，结果已经过 Newey-West 调整异方差和序列自相关。投资者异质信念，参照 Yu 和 Yuan（2011）[17] 方法，以分析师对上市公司未来 EPS 长期预测值的分散度表示。控制变量包括 Fama 三因子、t 月收益率、系统性风险 Beta、非流动性指标控制流动性。括号中为相关回归系数显著性的 t 统计量。

表 4-11 展示了在控制当期收益率、系统性风险 Beta、流动性指标、Fama 三因子后的 Fama-Macbeth 回归结果。表 4-11 的第（1）列中，我们加入了异常新闻指数变量，发现异常新闻指数与股票收益之间有一个负向的系数关系。在第（2）列中，我们加入了投资者异质信念指标，发现投资者异质信念与股票收益呈显著负相关关系，这也与 Miller（1977）[13]、Baker 和 Wurgler（2006）[92] 等文章结论一致。在第（3）、（4）、（5）列中，我们加入了本

节最主要的指标：异常新闻指数与投资者异质信念的交叉项。通过异常新闻指数与投资者异质信念的交叉项我们可以分析异常新闻指数是否能够影响投资者异质信念与股票收益之间的关系。从回归的系数我们可以看到投资者异质信念指数仍与股票收益存在显著负相关关系。同时，异常新闻指数与投资者异质信念的交叉项也具有显著为负的回归系数。以第（6）列为例，异常新闻指数与投资者异质信念的回归系数为 -0.029，意味着，高异常度的新闻报道会提高投资者异质信念对股票收益的负向影响程度。这一结果验证了我们的假设，即异常新闻报道行为会影响到投资者异质信念与股票收益率之间的关系。

本节中我们通过 Fama - Macbeth 回归方法实证检验了市场中异常的新闻报道在控制了相关控制变量后仍会显著加强投资者异质信念与股票收益率的负向关系。可见市场中异常的新闻报道行为通过影响投资者的信念从而对股票未来收益产生影响。

4.4 本章结论

本章以我国沪深两市 A 股在 2011—2017 年的月度数据为样本，探讨了 A 股市场是异常新闻报道行为对于投资者异质信念与收益率之间关系的影响。在实证部分，运用了 Yu 和 Yuan（2011）[17] 中的投资者异质信念指标构造方法，用分析师 ESP（T+1）盈余预测的分散度作为投资者异质信念的代理变量，并运用 Maheu 和 McCurdy（2004）[152] 的方法构造异常新闻流指标。通过检验我们可以得到以下结论：

对构造的三个异常新闻衡量指标：异常曝光度、异常关注度以及新闻异常情绪与投资者异质信念的检验，可以发现异常曝光度对投资者异质信念存在着显著的即刻正向影响，且这一影响作用仅存在一定的短期持续性，但长期持续影响并不明显。当投资者对公司层面股票新闻的关注度异常低落时，此时新闻的异常关注度会对投资者异质信念产生显著的且具有长期持续性的正向影响，异常新闻关注度越高，投资者异质信念程度越高，但是投资者对股票异常高涨的关注度并不会在当期立即对投资者异质信念产生影响。新闻报道中对股票的情绪倾向异常高涨会对投资者异质信念产生即刻的显著正向影响，但该影响作用不存在长期持续性；而新闻报道中对股票的情绪倾向异常低落则会对投资者异质信念产生显著的正向影响，且该影响作用存在一定的长期持续性。因此可以看出，股票的曝光程度、投资者对股票新闻的关注度水平和新闻报道中的情绪倾向均会对投资者分歧产生显著的影响，而影响的发生时间和持续性体现出不同的特点。

在对股票异常的新闻曝光程度、关注度与新闻情绪倾向与股票收益的关系研究中，可以看出投资者对股票新闻的关注度以及新闻报道情绪倾向的异常高涨会显著拉动当期股票收益率的增长，但是否有长期效应有待进一步研究。该结论也与研究中国市场中的股票关注度与股票收益的相关文献一致。而股票的异常曝光度与股票当期收益呈显著正相关，股票异常曝光程度会提高股价导致当期收益率显著提高，不过相比较于行为金融学中的“媒体效应”，本书的结论与之正好相反，可能在于本书选取的异常新闻曝光度指标，而“媒体效应”中通常将全部新闻作为研究样本，因此研究结果存在差别。而当投资者对股票新闻的关注度以及新闻情绪倾向的异常低落会显著的导致股票收益率下跌，这与大部分研究媒体情绪和媒体关注度的文献结论一致。投资者对股票收益预期的分歧程度对股票的收益存在显著的负向作用，分歧越大，股票收益率越低。由此可见，股票的异常新闻曝光程度、投资者对股票新闻的关注程度、新闻报道情绪倾向以及投资者分歧均会非常显著地影响到股票的收益。

最后，在检验异常新闻报道行为对于投资者异质信念收益率预测能力的研究中，发现异常新闻指数与投资者异质信念的交叉项具有显著为负的回归系数。意味着异常新闻报道对于投资者异质信念与股票收益之间有着显著负向影响，新闻报道异常度越高，投资者异质信念对于股票收益的负向影响程度越大。这一结果验证了我们的假设，即异常新闻报道行为会扩大投资者异质信念对于股票收益的影响程度。

结合我国的股票市场背景，本书的结论不仅具有统计意义而且具有现实的意义，我们应该从更宏观的视角来重新审视新闻媒体对于金融市场的影响。一直以来，投资者在市场中处于“信息不对称”的劣势地位，而新闻媒体则给了投资者获取大量信息的渠道，甚至在传达信息的同时帮助投资者进行专业分析。但同时新闻报道中或多或少传递出的对于公司经营状况、财务状况、未来发展前景，甚至关于相应股票投资相关的带有情感色彩的观点则对投资者的信念产生影响，尤其当新闻报道的数量或是基调突然发生“跳跃”性的改变时，往往都能被广大的个体投资者所捕捉并加以利用，这些观点被个体投资者接收后很容易使投资者产生各种各样的认知偏差，进而产生了投资者之间对于同一股票未来表现的异质信念，由此影响到股票未来的收益。因此，在鼓励上市公司信息透明的同时也应对上市公司的新闻报道进行舆论监督，正确的引导和规范新闻媒体报道，无论是从资产定价角度而言抑或是金融市场正常运转而言都会起到一个良性的作用。

第5章　总结与展望

5.1　研究结论

投资者异质信念作为资产定价领域一块较为新潮的研究方向，打破了传统金融理论关于资产定价模型中投资者“预期假设同质”的条件，认为投资者具有异质的信念。传统的“同质信念”虽然在理论上具备可行性，但并不符合现实市场情况，在实际的经济生活中，个体投资者由于环境或是自身的差异并不能对未来预期作出准确一致的判断。因此，对投资者这种异质信念的研究就显得十分重要与必要了。异质信念可以分为异质先验信念和异质后验信念。本书便是从这两种异质信念类型入手运用理论分析以及实证检验两种方法分析投资者异质信念对股票定价偏差及股票收益的影响。

文章从投资者异质信念的定义与产生机制开始进行理论总结，并对投资者异质信念的衡量代理指标进行总结，从我国股票市场投资者组成结构分析对我国投资者异质信念进行研究的必要性以及可行性。接下来，对投资者异质信念与资产定价相关文献从理论模型以及实证检验两个方面进行了梳理，然后在前人文献的基础上从理论及实证两个方面进行分析。在理论分析部分，投资者中的异质先验信念导致他们面对同一条公开信息具有不同的情绪表现形式，主要可以分为两类：乐观（积极）投资者，悲观（消极）投资者。通过建立一个异质投资者模型，在模型中将投资者们根据他们的情绪偏好分成乐观投资者组和悲观投资者组，经过模型推导后本书发现乐观投资者及悲观投资者的情绪方差也是影响资产定价偏差的重要因素。并通过实证检验对模型结果在中国A股市场进行验证。在实证检验部分，我们重点介绍了三个部分内容，分别是投资者异质信念与金融市场表现研究、投资者异质先验信念与资产定价偏差研究和大数据背景下投资者异质后验信念与资产价格研究。

首先是投资者异质信念与金融市场表现研究。资产定价、资产配置和风险管理是现代金融研究的核心内容。标准的资产定价模型以有效市场假说为基础，而大量金融异象（股权溢价之谜、过度波动之谜、无风险利率之谜等）促使学者对传统的定价模型进行修正，放松“同质”投资者假设。该部分为在投资者异质信念的框架下借助行为金融学理论对金融市场中存在的异象以及风险收益关系进行合理解释，进而分析了投资者异质性与过度波动及金融资产泡沫之间的内在联系。本书认为处于信息不对称弱势方的个体投资者依据其所拥有的信息对股票未来收益进行预测时，就会产生较大的分歧，因此可以说，当越多活跃的个体投资者进入市场时，市场的投资者异质信念水平会越高，同时，个人投资者由于信息不对称以及信息不完全影响很容易对股票风险做出错误的判断，从而影响股票的风险溢价。检验后得到一系列结论如下：发现股票的系统性风险Beta指标与投资者异质信念指标之间存在显著的正相关关系，这可能是由于高风险股票，未来收益存在着过多的不确定性，因此投资者的异质信念程度较低风险股票高。当市场整体的投资者异质信念水平较低，即正常市场时期，高Beta股票能获得高收益，即我们通常认为的“高风险，高收益”，而当市场整体的投资者异质信念水平较高时，这种风险与收益的关系则不明显，本书认为，当市场中的异质信念水平较低时，此时市场中理性投资者占主导，而对于理性投资者承担的高风险一定会要求高回报，因此风险与收益呈正比关系。且对于高Beta股票，市场整体投资者异质信念水平较高时的收益率要低于分歧较低时期，这一结论经过Fama－Macbeth回归结果显著，经过回归我们发现，当投资组合的系统性风险水平较高时，投资者异质信念与股票的收益率呈显著负相关，且随着组合Beta水平的增加，这种负相关程度也随之增加，可见对于高风险股票而言，投资者异质信念会降低股票的风险溢价。

其次是投资者异质信念对资产定价偏差的影响，投资者异质先验信念导致了他们面对同一公开信息时具有不同的情绪表现形式，对于投资者先验信念与资产定价偏差内在作用机理的研究是探索“非同质”投资者对金融市场影响的基础。另外，互联网的发展为投资者的情绪表达提供了新的途径并记录下多元化数据信息，为投资者异质信念的研究提供了更多的可能性。基于此，本研究想要结合资产定价理论模型与中国资本市场的实践数据，探索大数据背景下投资者异质先验信念的形成及其与资产定价偏差之间的关系，研究主要从如下两个方面展开：一是投资者异质先验信念的形成与投资者行为规律研究。基于开源信息，研究投资者异质先验信念的形成基础；通过投资者分类的细分，研究不同类型投资者之间异质信念与资本市场中投资者交易行为间的动态关系；借鉴心理学和社会学等行为科学为投资者先验信念的形成提供新的解释，并探索先验信念对投资者行为偏差的影响；研究具有异质先验信念投资者对相同信息处理及估值等行为的差异。二是投资者异质先验信念对资产定价偏差作用机理研究。研究投资者异质性动态模型的拓展；研究投资者异质先验信念与投资者情绪的形成过程；基于社交媒体数据，研究投资者情绪的量化方法，以及不同质量（金融素养）投资者情绪的差异化。研究乐观投资者及悲观投资者的情绪分布对公司估值的影响；基于投资者情绪演化（乐观/悲观群体的情绪分布），研究投资者先验信念异质性对资产定价偏差的影响；研究不同市场状态下投资者异质先验信念对资产定价差异化影响。

前人文献在研究投资者对于公司价值的异质信念时通常从乐观与悲观两类投资者的情绪均值角度来估计投资者信念异质程度，而我们认为不同先验信念导致投资者对于同一条信息会产生不同的情绪偏好，而不同类型的投资者内部的情绪分布同样会影响风险资产的定价。因此，在 Kim 和 Verrichia (1997)[161]模型的基础上，在投资者异质信念研究的框架下建立了一个异质投资者模型，在模型中投资者根据投资者的先验信念分成乐观投资者组和悲观投资者组，理论研究两类投资者内部情绪的方差与股票定价偏差的关系，并通过对我国 A 股市场进行实证分析后检验了理论模型的结论。具体结论如下：

（1）当乐观投资者与悲观投资者内部的异质信念程度相同时，风险资产价格偏离其内在价值的方向取决于两类投资者的人数以及他们的情绪均值。当乐观投资者情绪均值按人数加权后的绝对值大于悲观投资者情绪均值按人数加权后的绝对值时，即市场以乐观投资者信念占主导时，风险资产收益小于0，此时，由于市场普遍对于该风险资产看好，持积极情绪，导致股票价格高估；当乐观投资者情绪均值按人数加权后的绝对值等于悲观投资者情绪均值按人数加权后的绝对值时，风险资产收益等于0，此时，市场普遍对于该风险资产态度平庸，市场总体看涨情绪与看跌情绪持平，投资者无交易股票的动力；当乐观投资者情绪均值按人数加权后的绝对值小于悲观投资者情绪均值按人数加权后的绝对值时，即市场以悲观投资者信念占主导时，风险资产收益大于0，此时，市场普遍不看好该风险资产，持消极情绪，导致风险资产被低估。

（2）而当乐观投资者与悲观投资者内部的异质信念程度不相同时，风险资产价格偏离其内在价值的方向取决于两类投资者的人数以及他们的情绪均值以及他们内部的情绪分布。具体来说，当两类投资者内部异质信念程度不同时，股票偏差与两类投资者内部对公开信息解释的异质程度 $1/m$ 和 $1/n$，两类投资者人数占比 H_I 和 H_J 以及两类投资者对公开信息的平均情绪 e_I 和 e_J 有关。当乐观投资者内部异质信念程度与悲观投资者内部异质信念程度的比值 $\frac{m}{n}$ 大于悲观投资者情绪均值按人数加权后的绝对值与乐观投资者情绪均值按人数加权后绝对值的比值 $\frac{|H_J e_J|}{|H_I e_I|}$ 时，风险资产处于被高估状态。而当乐观投资者内部异质信念与悲观投资者内部异质信念的比值 $\frac{m}{n}$ 与悲观投资者情绪均值按人数加权后的绝对值与乐观投资者情绪均值按人数加权后绝对值的比值 $\frac{|H_J e_J|}{|H_I e_I|}$ 相同时，资产的预测价值与实际价值相同，不存在盈利空间，此时投资者无动力进行交易。当乐观投资者内部异质信念与悲观投资者内部异质信念的比值 $\frac{m}{n}$ 小于悲观投资者情绪均值按人数加权后的绝对值与乐观投资者情

绪均值按人数加权后绝对值的比值 $\frac{|H_J e_J|}{|H_I e_I|}$ 时，股票处于被低估状态，未来可获得高收益。由此可见，两类投资者群体内部异质信念程度对风险资产定价偏差的影响要大于两类投资者情绪均值加权的影响。

在情绪变动对异质信念与股票收益的关系影响部分，主要研究了三个层次的问题：第一，本书着重考察了个人投资者情绪对意见分歧和股票收益二者关系的调节效应。第二，按照股票市值大小和股票受投资者关注的情况对股票进行分类，分析了个人投资者情绪对意见分歧与股票收益二者关系产生的具有异质性的横截面影响。第三，研究了个人投资者情绪的动态变化对于意见分歧影响股票收益过程产生的调节效应。本书在此研究基础上，进一步分析了极端情绪状态下投资者异质信念与收益的关系是否与非极端状态下有所区别。主要结论如下：一是个人投资者情绪对异质信念（意见分歧）与股票未来收益的负相关关系具有负向调节作用。高涨的个人投资者情绪使异质信念（意见分歧）对股票未来收益造成了更为剧烈的负向影响。这可能是因为个人投资者情绪高涨时坏消息不易传播，理性的投资者更加难以通过套利表达自己的观点。因此，高涨的情绪加深了意见分歧导致的股价偏离程度，股票的当期收益越高而下期的收益越低。二是高涨的个人投资者情绪放大异质信念（意见分歧）和股票预期收益负相关关系的效应，仅在小市值股票中存在。持有小市值股票投资者的信念分歧程度越高，股票的下期收益越低，并且高个人投资者情绪进一步扩大了这种负向影响。而意见分歧本身并不具有预测大市值股票收益的能力，但是在高个人投资者情绪的作用下，意见分歧能够对股票未来收益产生显著的负向影响。三是投资者关注度高（低）的股票，高个人投资者情绪会放大异质信念（意见分歧）和股票未来收益的负（正）相关关系。受到高关注度的股票，在高个人投资者情绪时期，随着投资者信念之间存在的分歧程度越高，股票的未来收益越低。而受到低关注度的股票，在高个人投资者情绪时期，意见分歧越大，股票当期收益越高，下期收益也越高。这一结论并不支持 Miller（1977）的观点，原因可能是低关注度的股票缺乏关注度溢价，并且意见分歧的程度也较低，因此投资者难以将股票出售给不同信念的投资者。四是个人投资者情绪上升时期较下降时期，意见分歧对股票未来收益的负向影响更大。个人投资者情绪上升时吸引了非理性的投资者进入市场，而这些投资者发生的非理性行为反过来又进一步推动了市场上投资者情绪的上升。此时非理性因素占据市场的主导地位，意见分歧对股票错误定价的影响被高涨的情绪进一步扩大，即意见分歧对股票未来收益产生了更严重的负向影响。

此外，本书在研究过程中还得出了其他几个结论。第一，使用“买入高分歧股票、卖出低分歧股票”策略可以获取稳定的短期收益，但是无法获取稳定的长期收益。第二，在个人投资者的情绪分别处于极端低落的状态和极端高涨的状态下，意见分歧与股票收益的关系具有一定的差异性。个人投资者的情绪极端低落时，意见分歧与股票当期收益之间不具有相关性，而极端高情绪下意见分歧与股票当期收益显著正相关。第三，极端情绪与非极端情绪对意见分歧与股票收益关系的影响也具有非对称性。本书证实了高个人情绪时期意见分歧与股票未来收益显著负相关，但是极端高情绪时期意见分歧与股票未来收益并不存在显著的相关关系。

最后介绍了大数据背景下投资者异质后验信念与资产定价偏差研究。借助大数据下的多元信息源，分析公司新闻异常的曝光度、“媒体情绪”对投资者认知偏差的形成影响。从投资者认知偏差角度研究投资者异质后验信念与股票收益之间的关系；不同信息渠道及信息获取能力投资者的意见分歧差异性研究；基于信息不对称角度研究投资者异质后验信念与股票收益之间的关系；在投资者动态学习框架下研究投资者异质性对资产价格的影响。本书经过文献的梳理与分析认为市场中关于某公司新闻的异常的曝光度、“媒体情绪”、媒体关注度通过影响投资者对于该公司股票的认知偏差，进而影响投资者的异质信念程度，并影响未来收益率变化。发现所构造的 3 种异常新闻指标：异常新闻曝光度、异常新闻关注度、异常新闻情绪均在不同程度上显著影响投资者异质信念以及股票收益。其中，异常曝光度对投资者异质信念存在着显著的即刻正向影响，且这一影响仅存在一定的短期持续性。当投资者对股票新闻的关注度异常低落时，此时异常低的新闻关注度会对投资者异质信念产生显著的、具有长期持续性的正向影响，关注度越高，投资者异质信念程度越高，但是投资者对股票异常高涨的关注度并不会在当期立即对投资者异质信念产生影响。股票新闻报道中的情绪倾向异常高涨会对投资者异质信念产生即刻显著的正向影响，但该影响作用不存在持续性；而股票异常低落的新闻报道则会对投资者异质信念当期产生显著的正向影响，且该影响作用存在一定的长期持续性。并且在对 3 个异常新闻指标运用主成分分析法构造异常新闻指数后，发现异常新闻报道行为对于投资者异质信念与股票收益之间有着负向影响，公司层面的新闻报道水平异常度越高，投资者异质信念对于股票收益的负向影响程度越大。即异常新闻报道行为会扩大投资者异质信念对于股票收益的负向影响。

5.2 政策建议

通过本书结论，发现我国投资者异质信念程度存在逐年上涨的趋势，而根据本书中的统计结果表明，我国个人投资者比例长期偏高，且其中投资小、经验缺乏、投机心理强烈的个体投资者所占比率较其他成熟股票市场高，这种市场的投资者结构使得我国市场投资者非理性行为突出，也成为我国股票市场投资者异质信念程度较高的原因之一。本书的实证研究表明，个人投资者在情绪高涨时，容易过度自信，发生非理性行为。大量的文献也证实个人投资者由于缺乏扎实的理论基础，面对消息时往往过度反应，容易发生非理性交易。因此，个人投资者应学习并了解金融市场与金融工具的基本知识，充分了解投资工具的优缺点后再进入市场参与投资。同时，也要逐步建立完善的投资逻辑，能够甄别风险，保持理性，拒绝盲目跟风。因此对于监管部门，如何提高个体投资者的专业素质，培养其价值投资理念，改善投资者结构，使之成为一个多元化、专业化的市场重中之重。一方面，监管机构要加强对股票市场中个人投资者情绪的引导。本书的研究表明，个人投资者情绪高涨或处于上升状态时，非理性因素占据市场主导，意见分歧水平较高，个人投资者易盲目跟风，造成投资损失。因此，监管机构要加强对股票市场中个人投资者情绪的引导，关注个人投资者情绪的变化，在个人投资者情绪水平较高时提醒个人投资者注意投资风险。另外，监管机构也要重视投资者的适当性管理，结合投资者的交易经验、经济状况以及投资需求，帮助投资者判断其是否适合投资相应的金融服务或金融产品。可以通过定期组织不同层次的投资者培训等方式来提高我国投资者金融素养，降低投资者的投机心理，对于稳定我国金融市场可起到事半功倍的效果。另一方面，监管机构要注重优化股票市场投资者的构成，降低个人投资者所占的比例。较长时间以来中国A股市场的参与者主要以中小投资者为主，而这种不平衡的投资者结构也带来了诸如交易投机程度高和市场波动较大等一系列问题。要解决投资者结构比例失衡的问题，就要提高机构投资者种类的多样性并逐步提升其在市场中的占比，可以大力发展如私募、公募基金、券商和保险公司之类的机构投资者，以促进市场投资者的多样化发展并降低散户的非理性行为对市场造成的影响。

此外，虽然新闻报道对于我国金融市场的影响长期遭到忽视，但是一篇新闻媒体的报道左右一家上市公司命运的事件却是存在的。新闻媒体，尤其是财经新闻媒体，作为投资者与上市公司之间的桥梁，往往能够传递出一些在公开报表中难以获得的信息。尤其在于现今的新闻媒体报道范围越来越宽泛，媒体撰稿人的专业素质参差不齐，一篇关于上市公司的报道往往能够或多或少地传递出一些态度与情感。而这些报道为投资者所阅读后，很容易影响到一些缺乏专业分析能力的投资者信念，使他们产生各种各样的认知偏差，导致一些非理性行为。因此，规范新闻媒体报道，使其合理、公正、真实地传达公司信息，对于金融市场的稳定发展具有重要的意义。而对于个人投资者而言，应提升搜集信息的能力和获取信息的质量，从多渠道获取信息、掌握信息。可以通过关注公司的相关新闻以及财报，增强对公司的了解，提升自己在面对消息时的处理能力、逐步形成自己的投资理念与投资方法。还可以通过关注专业机构出具的研究报告，学习投资技巧。个人投资者可以继续选择较为权威的投资机构进行财富管理，以减少信息不对称带来的投资损失。

最后，对于上市公司而言，虽然有相关法律法规的约束，但是对于中国大部分的上市公司而言，对于公司公告的发布往往是比较抗拒的，尤其是在发生了一些负面事情后，上市公司喜欢用一些手段拖延或是弱化描述语气等方法避免让投资者发现。而这种逃避的思想只会使得市场中流言四起，投资者异质信念程度加大，最终降低股票的收益。因此对于上市公司来说，正确的面对负面事件，以诚恳的态度对待投资者，才是一家成熟上市公司应有的心态。

5.3 研究不足及未来展望

本书尝试从理论建模以及实证检验两条途径研究投资者异质信念与资产定价以及股票收益之间的关系，但是由于时间与能力有限，因此还存在这一些不足之处。而在今后的研究道路中，这些不足将会是作者前进的方向：

在投资者异质先验信念与定价偏差模型研究中，目前我们的模型只是两期的静态模型，对投资者信念和定价偏差的建模比较简单。未来多期的动态模型以及投资者的私有信息影响均可成为我们模型的未来拓展方向。

在分析投资者异质信念与风险—收益之间的关系中，本书仅研究了股票层面的投资者异质信念与股票的系统性风险 Beta，在之后的研究中，还可以从宏观经济层面的投资者异质信念入手，分析中国市场中这些宏观层面的投资者异质信念对于股票风险溢价的影响。

在情绪与分歧的关系研究中，本书运用主成分分析法将选取的多个原始指标复合成一个综合的指标，但是一些原始指标能同时代表个人投资者情绪和代表机构投资者情绪，而且投资者情绪和意见分歧的代理指标也存在重合。如何区分个人投资者情绪和机构投资情绪以及区分投资者情绪和意见分歧，是未来在构建个人投资者情绪指标的过程中亟待解决的关键问题。且与个人投资者相比，机构投资者拥有更强的信息搜集能力和信息处理能力，表现也更为理性。未来可以深入研究个人投资者和机构投资者的情绪和分歧在资产定价过程中产生的差异影响，也可以进一步挖掘这两类投资者的情绪和异质信念是否能够产生交互影响。

此外，对于投资者异质信念指标的度量，目前学术界并没能找到一个完美的共识，因此希望能够在未来找到一个合理的为学术界能够普遍接受的度量指标。本书研究中采用了调整后的换手率作为意见分歧的代理指标，但是单一的代理变量往往难以全面衡量投资者的异质信念。因此，在构建意见分歧的代理指标时，可以从异质信念的不同角度出发，选取多个代理变量进行主成分分析，从而拟合成一个较为全面的复合指标。最后，本书在实证检验部分可以加入更长的滞后期指标，研究从中长期角度投资者异质信念与股票收益的关系。

参考文献

[1] Markowitz, H. Portfolio selection [J]. The Journal of Finance, 1952, 7 (1): 77-91.

[2] Jensen, Michael C., Fischer Black, Myron S. Scholes. The Capital Asset Pricing Model: Some Empirical Tests [J]. Social Science Electronic Publishing, 1972, 94 (8): 4229-4232.

[3] Merton, R. C. Theory of rational option pricing [J]. The Bell Journal ofEconomics and Management Science, 1973: 141-183.

[4] Ross, S. The Arbitrage Theory of Capital Asset Pricing [M]. Handbookof The Fundamentals of Financial Decision Making, 1976.

[5] Modigliani, Franco, Merton H. Miller. The cost of capital, corporation finance and the theory of investment [J]. The American Economic Review, 1958, 48 (3): 261-297.

[6] Black, F., M. Scholes. The pricing of options and corporate liabilities [J]. Journal of Political Economy, 1973, 81 (3): 637-654.

[7] Slovic, P. Psychological study of human judgment: Implications for investment decision making [J]. The Journal of Finance, 1972, 27 (4): 779-799.

[8] Bondt, Werner FM, Richard Thaler. Does the stock market overreact? [J]. The Journal of Finance, 1985, 40 (3): 793-805.

[9] Shiller, R. J. Why do people dislike inflation? [M]. America: University of Chicago Press, 1997: 13-70.

［10］ Barnard, C. , Herbert A. Simon. Administrative behavior: A study of decision – making processes in administrative organization ［J］. Contemporary Sociology, 1976, 7 (5): 613 –614.

［11］ 左坤，方荣楷．传统金融理论与行为金融理论的比较分析［J］．经济论坛，2007（1）：91 –92.

［12］ Hong, Harrison, Jeremy C. Stein. Disagreement and the stock market ［J］. Journal of EconomicPerspectives, 2007, 21 (2): 109 –128.

［13］ Miller, Edward M. Risk, uncertainty, and divergence of opinion ［J］. The Journal of Finance, 1977, 32 (4): 1151 –1168.

［14］ Harrison J. Michael, David M. Kreps. Speculative investor behavior in a stock market with heterogeneous expectations ［J］. The Quarterly Journal of Economics, 1978, 92 (2): 323 –336.

［15］ Jarrow, R. Heterogeneous expectations, restrictions on short sales, and equilibrium asset prices ［J］. The Journal of Finance, 1980, 35 (5): 1105 –1113.

［16］ Varian, Hal R. Divergence of opinion in complete markets: A note ［J］. The Journal of Finance, 1985, 40 (1): 309 –317.

［17］ Yu, Jianfeng, Yu Yuan. Investor sentiment and the mean – variance relation ［J］. Journal of Financial Economics, 2011, 100 (2): 367 –381.

［18］ 王景．异质信念、卖空限制与股价行为［D］．厦门：厦门大学，2008.

［19］ Harris, M. , A. Raviv. Differences of opinion make a horse race ［J］. The Review of Financial Studies, 1993, 6 (3): 473 –506.

［20］ Morris, S. Speculative investor behavior and learning ［J］. The Quarterly Journal of Economics, 1996, 111 (4): 1111 –1133.

［21］ Scheinkman, J. A. , W. Xiong. Overconfidence and speculative bubbles ［J］. Journal of Political Economy, 2003, 111 (6): 1183 –1220.

［22］ Yu Jialin. Disagreement and return predictability of stock portfolios ［J］. Journal of Financial Economics, 2011, 99 (1): 162 –183.

[23] Beaver, William H. The information content of annual earnings announcements [J]. Journal of Accounting Research, 1968: 67 -92.

[24] Ziebart, David A. The association between consensus of beliefs and trading activity surrounding earnings announcements [J]. Accounting Review, 1990: 477 -488.

[25] Bamber, Linda Smith, Youngsoon Susan Cheon. Differential price and volume reactions to accounting earnings announcements [J]. Accounting Review, 1995: 417 -441.

[26] Barron, Orie E. Trading volume and belief revisions that differ among individual analysts [J]. Accounting Review, 1995: 581 -597.

[27] Ajinkya, Bipin B., Rowland K. Atiase, Michael J. Gift. Volume of trading and the dispersion in financial analysts' earnings forecasts [J]. Accounting Review, 1991: 389 -401.

[28] Michaely, Roni and Kent L. Womack. Conflict of interest and the credibility of underwriter analyst recommendations [J]. The Review of Financial Studies, 1999, 12 (4): 653 -686.

[29] Das, Somnath, Carolyn B. Levine, Konduru Sivaramakrishnan. Earnings predictability and bias in analysts' earnings forecasts [J]. Accounting Review, 1998: 277 -294.

[30] McNichols, Maureen, Patricia C. O'Brien. Self - selection and analyst coverage [J]. Journal of Accounting Research, 1997, 35: 167 -199.

[31] Easterwood, John C., Stacey R. Nutt. Inefficiency in analysts' earnings forecasts: Systematic misreaction or systematic optimism? [J]. The Journal of Finance, 1999, 54 (5): 1777 -1797.

[32] Atiase, Rowland K., Linda Smith Bamber. Trading volume reactions to annual accounting earnings announcements: The incremental role of predisclosure information asymmetry [J]. Journal of Accounting and Economics, 1994, 17 (3): 309 -329.

［33］李林波，刘维奇，贺亚楠，等．投资者非理性与中国股票异象——基于异质信念的视角［J］．管理科学学报，2024，27（4）：142－158.

［34］Carlin，B. I.，F. A. Longstaff，K. Matoba. Disagreement and asset prices［J］. Journal of Financial Economics，2014，114（2）：226－238.

［35］林虎，刘冲．投资者分歧，异常交易量和股票横截面收益率预测——基于中国股票市场的经验证据［J］．投资研究，2011：42－45.

［36］Abel，A. B. Asset prices under heterogeneous beliefs：implications for the equity premium［M］. Rodney L. White Center for Financial Research，1989.

［37］Anderson，E. W.，E. Ghysels，J. L. Juergens. Do heterogeneous beliefs matter for asset pricing?［J］. The Review of Financial Studies，2005，18（3）：875－924.

［38］David，A. Heterogeneous beliefs，speculation，and the equity premium［J］. The Journal of Finance，2008，63（1）：41－83.

［39］Banerjee，S.，I. Kremer. Disagreement and learning：Dynamic patterns of trade［J］. The Journal of Finance，2010，65（4）：1269－1302.

［40］史金艳，赵江山，张茂军．基于投资者异质信念的均衡资产定价模型研究［J］．管理科学，2009，22（6）：95－100.

［41］Chen，J.，H. Hong，J. C. Stein. Breadth of ownership and stock returns［J］. Journal of Financial Economics，2002，66（2－3）：171－205.

［42］Johnson，T. C. Forecast dispersion and the cross section of expected returns［J］. The Journal of Finance，2004，59（5）：1957－1978.

［43］Buraschi，A.，F. Trojani，A. Vedolin. Economic uncertainty，disagreement，and credit markets［J］. Management Science，2013，60（5）：1281－1296.

［44］张维，张永杰．异质信念、卖空限制与风险资产价格［J］．管理科学学报，2006，9（4）：58－64.

［45］Atmaz，A.，S. Basak. Belief dispersion in the stock market［J］. Journal of Finance，2018，73（3）：1225－1279.

［46］Buraschi，A.，A. Jiltsov. Model uncertainty and option markets with heterogeneous beliefs [J]. The Journal of Finance, 2006, 61 (6): 2841 -2897.

[47] Dumas, B. , A. Kurshev, R. Uppal. Equilibrium portfolio strategies in the presence of sentiment risk and excess volatility [J]. The Journal of Finance, 2009, 64 (2): 579 -629.

[48] Andrei, D. , B. Carlin, M. Hasler. Asset pricing with disagreement and uncertainty about the length of business cycles [J]. Management Science, 2018.

[49] Kandel, Eugene, Neil D. Pearson. Differential interpretation of public signals and trade in speculative markets [J]. Journal of Political Economy, 1995, 103 (4): 831 -872.

[50] Cao, H. H. , H. Ou - Yang. Differences of opinion of public information and speculative trading in stocks and options [J]. The Review of Financial Studies, 2008, 22 (1): 299 -335.

[51] 刘晋华，姚益龙．基于异质信念演化的资产市场波动研究［J］. 南方经济, 2011 (4): 52 -64.

[52] Brock, W. A. , C. H. Hommes. A rational route to randomness [J]. Econometrica: Journal of the Econometric Society, 1997: 1059 - 1095.

[53] Brock, W. A. , C. H. Hommes. Heterogeneous beliefs and routes to chaos in a simple asset pricing model [J]. Journal of Economic Dynamics and Control, 1998, 22 (8 -9): 1235 -1274.

[54] 黄士国，袁可红，周丙常．异质信息，异质先验信念与均衡资产价格［J］. 数学的实践与认识，2013，43 (17): 79 -84.

[55] Huang, Z. , J. B. Heian, T. Zhang. Differences of Opinion, Overconfidence, And The High - Volume Premium [J]. Journal of Financial Research, 2011, 34 (1): 1 -25.

[56] 徐枫，胡鞍钢．异质信念，投资者情绪与企业增发偏好［J］. 经济科学，2012 (5): 81 -91.

[57] Alonso R, Camara O. Bayesian persuasion with heterogeneous priors [J]. Journal of Economic Theory, 2016, 165: 672 -706.

[58] Sethi R, Vaughan J W. Belief aggregation with automated market makers [J]. Computational Economics, 2016, 48 (1): 155 –178.

[59] Allen, F., Morris, S., and Shin, H. S. Beauty contests and iterated expectations in asset markets [J]. Review of Financial Studies, 2006 (3): 719 –752.

[60] Goetzmann William N., Massimo Massa. Dispersion of opinion and stock returns [J]. Journal of Financial Markets, 2005, 8 (3): 324 –349.

[61] Barber, B. M., T. Odean. All that glitters: The effect of attention and news on the buying behavior of individual and institutional investors [J]. The Review of Financial Studies, 2007, 21 (2): 785 –818.

[62] Tetlock, P. C. Does public financial news resolve asymmetric information? [J]. The Review of Financial Studies, 2010, 23 (9): 3520 –3557.

[63] Bushee B J, Core J E, Guay W, et al. The role of the business press as an information intermediary [J]. Journal of Accounting Research, 2010, 48 (1): 1 –19.

[64] Engelberg, J. E., C. A. Parsons. The causal impact of media in financial markets [J]. The Journal of Finance, 2011, 66 (1): 67 –97.

[65] Wysocki, P. D. Cheap talk on the web: The determinants of postings on stock message boards [J]. Ssrn Electronic Journal, 1998.

[66] Tumarkin, R., R. F. Whitelaw. News or noise? Internet postings and stock prices [J]. Financial Analysts Journal, 2001, 57 (3): 41 –51.

[67] Jones, A. L. Have internet message boards changed market behavior [J]. Info –The Journal of Policy, Regulation and Strategy for Telecommunications, 2006, 8 (5): 67 –76.

[68] Tumarkin, R. Internet message board activity and market efficiency: A case study of the internet service sector using Raging Bull. com [J]. Financial Markets, Institutions & Instruments, 2002, 11 (4): 313 –335.

[69] Antweiler, W., M. Z. Frank. Is all that talk just noise? The information content of internet stock message boards [J]. The Journal of finance, 2004, 59

(3): 1259 - 1294.

[70] De Choudhury M, Sundaram H, John A, et al. Can blog communication dynamics be correlated with stock market activity [C]? Proceedings of the Nineteenth ACM Conference on Hypertext and Hypermedia, 2008, ACM: 55 - 60.

[71] Bettman, J. L., A. G. Hallett, S. Sault. Rumortrage: Can investors profit on takeover rumors on internet stock message boards? [J]. Ssrn Electronic Journal, 2010.

[72] Bollen, J., H. Mao, X. Zeng. Twitter mood predicts the stock market [J]. Journal of Computational Science, 2011, 2 (1): 1 - 8.

[73] 张永杰，张维，熊熊．互联网知道的更多么？——网络开源信息对资产定价的影响 [J]．系统工程理论与实践，2011，31 (4)：577 - 586

[74] Das, S. R., J. Sisk. Financial Communities [J]. The Journal of Portfolio Management, 2005, 31 (4): 112 - 123.

[75] Das, S. R., M. Y. Chen. Yahoo! for Amazon: Sentiment extraction from small talk on the web [J]. Management Science, 2007, 53 (9): 1375 - 1388.

[76] Gu, B., et al. Predictive value of stock message board sentiments [J]. Social Science Electronic Publishing, 2008.

[77] Depken, C. A., Y. Zhang. Adverse selection and reputation in a world of cheap talk [J]. The Quarterly Review of Economics and Finance, 2010, 50 (4): 548 - 558.

[78] 郑瑶，董大勇，朱宏泉．异质性情绪影响股市羊群效应吗？——来自互联网股票社区的证据 [J]．系统工程，2016，34 (9)：9 - 14

[79] 史永东，李竹薇，陈炜．中国证券投资者交易行为的实证研究 [J]．金融研究，2009，11：129 - 142.

[80] Hong, Harrison, David A. Sraer. Speculative Betas [J]. The Journal of Finance, 2016, 71 (5): 2095 - 2144.

[81] Shalen, Catherine T. Volume, volatility, and the dispersion of beliefs [J]. The Review of Financial Studies, 1993, 6 (2): 405 - 434.

[82] 陈国进，胡超凡，王景．异质信念与股票收益——基于我国股票市场的实证研究 [J]．财贸经济，2009 (3)：28 - 33.

[83] Moeller, S. B. , F. P. Schlingemann, R. M. Stulz. How do diversity of opinion and information asymmetry affect acquirer returns? [J]. The Review of Financial Studies, 2007, 20 (6): 2047 - 2078.

[84] Park, C. Stock return predictability and the dispersion in earnings forecasts [J]. The Journal of Business, 2005, 78 (6): 2351 - 2376.

[85] Amihud, Y. Illiquidity and stock returns: cross - section and time - series effects [J]. Journal ofFinancial Markets, 2002, 5 (1): 31 - 56.

[86] Fama, Eugene F. , James D. MacBeth. Risk, return, and equilibrium: Empirical tests [J]. Journal ofPolitical Economy, 1973, 81 (3): 607 - 636.

[87] Nicholas Barberis, Richard Thaler. A survey of behavioral finance [J]. Handbook of the Economics of Finance, 2003 (1): 1053 - 1128.

[88] Baker, M. , J. C. Stein. Market liquidity as a sentiment indicator [J]. Journal of Financial Markets, 2004, 7 (3): 271 - 299.

[89] Brown, G. W. , M. T. Cliff. Investor sentiment and asset valuation [J]. The Journal of Business, 2005, 78 (2): 405 - 440.

[90] Cornelli, F. , D. Goldreich, A. Ljungqvist. Investor sentiment and pre - IPO markets [J]. The Journal of Finance, 2006, 61 (3): 1187 - 1216.

[91] Spence, A. M. Market signaling: Informational transfer in hiring and related screening processes [M]. Ameirica: Harvard Univ Pr, 1974.

[92] Baker, M. , J. Wurgler. Investor sentiment in the stock market [J]. Journal of economic perspectives, 2007, 21 (2): 129 - 152.

[93] Glaser, M. , P. Schmitz, M. Weber. Individual Investor Sentiment and Stock Returns - What Do We Learn from Warrant Traders? [J]. Ssrn Electronic Journal, 2009.

[94] 林振兴．网络讨论、投资者情绪与 IPO 抑价 [J]．山西财经大学学报，2011 (2)：23 - 29.

［95］乔智，耿志民．股吧对个人投资者情绪的影响研究［J］．金融理论与实践，2013（11）：77－81.

［96］施荣盛．投资者关注下资产定价研究［D］．上海：上海交通大学，2013.

［97］杨晓兰，沈翰彬，祝宇．本地偏好，投资者情绪与股票收益率：来自网络论坛的经验证据［J］．金融研究，2016（12）：143－158.

［98］陆文星，王燕飞．中文文本情感分析研究综述［J］．计算机应用研究，2012（6）：2014－2017.

［99］石勇，唐静，郭琨．社交媒体投资者关注，投资者情绪对中国股票市场的影响［J］．中央财经大学学报，2017（7）：45－53.

［100］佟林．基于 Hadoop 平台的网络舆情分析系统的研究与实现［D］．长春：吉林大学，2015.

［101］郭旦怀，崔文娟，郭云昌，等．基于大数据的食源性疾病事件探测与风险评估［J］．系统工程理论与实践，2015，35（10）：2523－2530.

［102］任青．基于 Hadoop 云平台的社交网络服务推荐算法的研究［D］．长春：吉林大学，2013.

［103］Feng Xu, He Xuezhong, Lin Shen, et al. Online Sentiment Contagion in China［R］. Sydney：University of Technology Sydney, 2016.

［104］Frankel, R., C. M. Lee. Accounting valuation, market expectation, and cross－sectional stock returns［J］. Journal of Accounting and Economics, 1998, 25（3）：283－319.

［105］Ohlson, J. A. A synthesis of security valuation theory and the role of dividends, cash flows, and earnings［J］. ContemporaryAccounting Research, 1990, 6（2）：648－676.

［106］Ohlson, J. A. Earnings, book values, and dividends in equity valuation［J］. Contemporary Accounting Research, 1995, 11（2）：661－687.

［107］胡昌生，池阳春．投资者情绪、资产估值与股票市场波动［J］．金融研究，2013（10）：181－193.

[108] Barberis N, Shleifer A, Wurgler J. Comovement [J]. Journal of Financial Economics, 2005, 75 (2): 283 -317.

[109] Barber B M, Odean T. All that glitters: The Effect of Attention and News on The Buying Behavior of Individual and Institutional Investors [J]. The review of financial Studies, 2008, 21 (2): 785 -818.

[110] 刘维奇，刘新新. 个人和机构投资者情绪与股票收益——基于上证 A 股市场的研究 [J]. 管理科学学报，2014，17 (3): 70 -87.

[111] 饶育蕾，彭叠峰，成大超. 媒体注意力会引起股票的异常收益吗？——来自中国股票市场的经验证据 [J]. 系统工程理论与实践，2010，30 (2): 287 -297.

[112] 杨涛，郭萌萌. 投资者关注度与股票市场——以 PM2.5 概念股为例 [J]. 金融研究，2019，467 (5): 190 -206.

[113] 段江娇，刘红忠，曾剑平. 中国股票网络论坛的信息含量分析 [J]. 金融研究，2017 (10): 178 -192.

[114] 施荣盛，陈工孟. 网络时代的股市“自行车定理”——基于股票论坛数据及分析师评级的研究 [J]. 上海金融，2012 (7): 68 -73 +118.

[115] 俞庆进，张兵. 投资者有限关注与股票收益——以百度指数作为关注度的一项实证研究 [J]. 金融研究，2012 (8): 152 -165.

[116] Brown G W, Cliff M T, Investor Sentiment and The Near - term Stock Market [J]. Journal of Empirical Finance, 2004, 11 (1): 1 -27.

[117] 黄德龙，文凤华，杨晓光. 投资者情绪指数及中国股市的实证 [J]. 系统科学与数学，2009，29 (01): 1 -13.

[118] 文凤华，肖金利，黄创霞，等. 投资者情绪特征对股票价格行为的影响研究 [J]. 管理科学学报，2014，17 (3): 60 -69.

[119] 闵峰，黄创霞，文凤华，等. 宏观经济，投资者情绪和股票市场收益 [J]. 系统科学与数学，2017，37 (2): 370 -382.

[120] Shalen, Catherine T. Volume, volatility, and the dispersion of beliefs [J]. The Review of Financial Studies, 1993, 6 (2): 405 -434.

［121］ Gao Y, Mao C X, Zhong R. Divergence of opinion and long - term performance of initial public offerings ［J］. Journal of Financial Research, 2006, 29 (1): 113 - 129.

［122］ Handa, P. , R. Schwartz, A. Tiwari. Quote setting and price formation in an order driven market ［J］. Journal of Financial Markets, 2003, 6 (4): 461 - 489.

［123］ Garfinkel J A . Measuring Investors' Opinion Divergence ［J］. SSRN Electronic Journal, 2009, 47 (5): 1317 - 1348.

［124］ Hayes R M. The impact of trading commission incentives on analysts' stock coverage decisionsand earnings forecasts ［J］. Journal of Accounting Research, 1998, 36 (2): 299 - 320.

［125］ 许年行，江轩宇，伊志宏，等．分析师利益冲突，乐观偏差与股价崩盘风险［J］．经济研究，2012（7）：127 - 140.

［126］ Clement M B, Tse S Y. Financial analyst characteristics and herding behavior in forecasting ［J］. The Journal of finance, 2005, 60 (1): 307 - 341.

［127］ 游家兴，周瑜婷，肖珉．凯恩斯选美竞赛与分析师预测偏差行为——基于高阶预期的研究视角［J］．金融研究，2017，445（7）：192 - 206.

［128］ Fisher K L, Statman M. Consumer confidence and stock returns ［J］. The Journal of Portfolio Management, 2003, 30 (1): 115 - 127.

［129］ 程昆，刘仁和．投资者情绪与股市的互动研究［J］．上海经济研究，2005（11）：86 - 93.

［130］ Ljungqvist A, Nanda V, Singh R. Hot markets, investor sentiment, and IPO pricing ［J］. the Journal of Business, 2006, 79 (4): 1667 - 1702.

［131］ 汪昌云，武佳薇，孙艳梅，等．公司的媒体信息管理行为与 IPO 定价效率［J］．管理世界，2015，256（1）：118 - 128.

［132］ Baker M, Wurgler J. Investor sentiment and the cross - section of stock returns ［J］. The journal of Finance, 2006, 61 (4): 1645 - 1680.

［133］ 蒋先玲，张斯琪．投资者情绪对中国 IPO 首日收益率影响的实证

分析［J］. 经济问题，2015，430（6）：51－56.

［134］吴悠悠．散户、机构投资者宏微观情绪：互动关系与市场收益［J］. 会计研究，2017（11）：86－92＋97.

［135］Seasholes M S, Wu G. Predictable Behavior, Profits, and Attention［J］. Journal of Empirical Finance, 2007, 14（5）：590－610.

［136］Peng L, Xiong W. Investor Attention, Overconfidence and Category Learning［J］. Journal of Financial Economics, 2006, 80（3）：563－602.

［137］Da Z, Engelberg J, Gao P. In Search of Attention［J］. The Journal of Finance, 2011, 66（5）：1461－1499.

［138］罗琦，伍敬侗．投资者关注与IPO首日超额收益——基于双边随机前沿分析的新视角［J］. 管理科学学报，2017，20（9）：46－60.

［139］邵新建，巫和懋．中国IPO中的机构投资者配售、锁定制度研究［J］. 管理世界，2009（10）：28－41.

［140］Diether K B, Malloy C J, Scherbina A. Differences of Opinion and The Cross Section of Stock Returns［J］. Journal of Finance, 2002, 57（5）：2113－2141.

［141］Fisher K L, Statman M. Investor sentiment and stock returns［J］. Financial Analysts Journal, 2000, 56（2）：16－23.

［142］汪宜霞，张辉．卖空限制、意见分歧与IPO溢价［J］. 管理学报，2009，6（9）：1204－1208.

［143］Kim J S, Ryu D, Seo S W, et al. Investor Sentiment and Return Predictability of Disagreement［J］. Journal of Banking and Finance, 2014, 42（5）：166－178.

［144］Han B, Lu L, Zhou Y. Two trees with heterogeneous beliefs：Spillover effect of disagreement［J］. Journal of Financial and Quantitative Analysis, 2019, 54（4）：1791－1819.

［145］De Long J B, Shleifer A, Summers L H, et al. Noise trader risk in financial markets［J］. Journal of political Economy, 1990, 98（4）：703－738.

［146］王美今，孙建军．中国股市收益、收益波动与投资者情绪［J］.

经济研究，2004（10）：75－83.

［147］Stambaugh R F，Yu J，Yuan Y. The Short of It：Investor Sentiment and Anomalies［J］. Journal of Financial Economics，2012，104（2）：288－302.

［148］Qu S，Starks L，Yan H. Risk，Dispersion of Analyst Forecasts and Stock Returns［R］. University of Texas at Austin Working Paper，2003.

［149］Fang，L.，J. Peress. Media coverage and the cross－section of stock returns［J］. The Journal of Finance，2009，64（5）：2023－2052.

［150］Andersen，T. G. Return volatility and trading volume：An information flow interpretation of stochastic volatility［J］. The Journal of Finance，1996，51（1）：169－204.

［151］游家兴．沉默的螺旋：媒体情绪与资产误定价［J］．经济研究，2012（7）：141－152.

［152］Maheu，John M.，Thomas H. McCurdy. McCurdy. News arrival，jump dynamics，and volatility components for individual stock returns［J］. The Journal of Finance，2004，59（2）：755－793.

［153］黄润鹏，左文明，毕凌燕．基于微博情绪信息的股票市场预测［J］．管理工程学报，2015，29（1）：47－52.

［154］Shen，Y.，ROST content mining system：software for content mining and analysis［D］. Hubei：Wuhan University，2008.

［155］Bali，T. G.，et al. Unusual News Flow and the Cross Section of Stock Returns［J］. Management Science，2017.

［156］邓路，廖明情．上市公司定向增发方式选择：基于投资者异质信念视角［J］．会计研究，2013（7）：56－62.

［157］王静．投资者异质信念与风险—收益权衡关系［D］．大连：东北财经大学，2015.

［158］Amihud，Y. Illiquidity and stock returns：cross－section and time－series effects［J］. Journal ofFinancial Markets，2002，5（1）：31－56.

［159］刘锋，叶强，李一军．媒体关注与投资者关注对股票收益的交互作

用：基于中国金融股的实证研究 [J]. 管理科学学报，2014，17（1）：72－85.

[160] 岑维，李士好，童娜琼．投资者关注度对股票收益与风险的影响——基于深市“互动易”平台数据的实证研究 [J]. 证券市场导报，2014，（7）：40－47.

[161] Kim, Oliver, Robert E. Verrecchia. Pre－announcement and event－period private information [J]. Journal of Accounting and Economics, 1997, 24（3）：395－419.

[162] Shleifer, A. Inefficient markets: An introduction to behavioral finance [M]. America: OUP Oxford, 2000.

[163] Sendhil Mullainathan, Richard H. Thaler. Behavioral economics [R]. National Bureau of Economic Research, 2000.

[164] Campbell, John Y. Asset Pricing at the Millennium [J]. The Journal of Finance, 2000, 55（4）：1515－1567.

[165] Campbell, John Y., N. Gregory Mankiw. Consumption, income, and interest rates: Reinterpreting the time series evidence [J]. NBER Macroeconomics Annual, 1989（4）：185－216.

[166] Constantinides, George M., Darrell Duffie. Asset Pricing with Heterogeneous Consumers [J]. The Journal of Political Economy, 1996, 104（2）：219－240.

[167] Dumas, B. Two－Person Dynamic Equilibrium in the Capital Market [J]. The Review of Finanical Studies 1989, 2（2）：157－188.

[168] Gur Huberman, Tomer Regev. Contagious speculation and a cure for cancer: A nonevent that made stock prices soar [J]. The Journal of Finance, 2001, 56（1）：387－396.

[169] MenzlyLior, Oguzhan Ozbas. Cross－industry momentum [J]. Ssrn Electronic Journal, 2006.

[170] HongHarrison, Walter Torous, Rossen Valkanov. Do industries lead stock markets? [J]. Journal of Financial Economics, 2007, 83（2）：367－396.

[171] Athanassakos, George, Madhu Kalimipalli. Analyst forecast dispersion

and future stock return volatility [J]. Quarterly Journal of Business and Economics, 2003: 57 - 78.

[172] BernileGennaro, Hu Jianfeng, Tang Yuehua. Can information be locked up? Informed trading ahead of macro - news announcements [J]. Journal of Financial Economics, 2016, 121 (3): 496 - 520.

[173] Hou, K. Industry information diffusion and the lead - lag effect in stock returns [J]. The Review of Financial Studies, 2007, 20 (4): 1113 - 1138.

[174] Kahneman, D. Attention and effort [M]. Prentice - Hall Englewood Cliffs, NJ, 1973.

[175] Lin Peng, Xiong Wei. Investor attention, overconfidence and category learning [J]. Journal of Financial Economics, 2006, 80 (3): 563 - 602.

[176] StefanoDellaVigna, Joshua M. Pollet. Investor inattention and Friday earnings announcements [J]. The Journal of Finance, 2009, 64 (2): 709 - 749.

[177] Morse, Dale, Jens Stephan, and Earl K. Stice. Earnings announcements and the convergence (or divergence) of beliefs [J]. Accounting Review, 1991: 376 - 388.

[178] Diether, Karl B., Christopher J. Malloy, Anna Scherbina. Differences of opinion and the cross section of stock returns [J]. The Journal of Finance, 2002, 57 (5): 2113 - 2141.

[179] Ajinkya, Bipin B., Rowland K. Atiase, Michael J. Gift. Volume of trading and the dispersion in financial analysts' earnings forecasts [J]. Accounting Review, 1991: 389 - 401.

[180] Garfinkel, J. A. Measuring investors' opinion divergence [J]. Journal of Accounting Research, 2009, 47 (5): 1317 - 1348.

[181] Epps, Thomas W., and Mary Lee Epps. The stochastic dependence of security price changes and transaction volumes: Implications for the mixture - of - distributions hypothesis [J]. Econometrica: Journal of the Econometric Society, 1976: 305 - 321.

[182] Jones, Charles M., Gautam Kaul, Marc L. Lipson. Transactions, volume, and volatility [J]. The Review of Financial Studies, 1994, 7 (4): 631 -651.

[183] Bamber, Linda Smith, Orie E. Barron, Thomas L. Stober. Trading volume and different aspects of disagreement coincident with earnings announcements [J]. Accounting Review, 1997: 575 -597.

[184] Bamber, Linda Smith, Orie E. Barron, Thomas L. Stober. Differential interpretations and trading volume [J]. Journal of Financial and Quantitative Analysis, 1999, 34 (3): 369 -386.

[185] Handa, P., R. Schwartz, A. Tiwari. Quote setting and price formation in an order driven market [J]. Journal of Financial Markets, 2003, 6 (4): 461 - 489.

[186] Wang, F. Albert. Strategic trading, asymmetric information and heterogeneous prior beliefs [J]. Journal of Financial Markets, 1998, 1 (3 -4): 321 -352.

[187] Gao, Yan, Connie X. Mao, Rui Zhong. Divergence of opinion and long - term performance of initial public offerings [J]. Journal of Financial Research, 2006, 29 (1): 113 - 129.

[188] Frankel, Jeffrey A., Kenneth A. Froot. Chartists, fundamentalists, and trading in the foreign exchange market [J]. The American Economic Review, 1990, 80 (2): 181 - 185.

[189] Daigler, Robert T., Marilyn K. Wiley. The impact of trader type on the futures volatility - volume relation [J]. The Journal of Finance, 1999, 54 (6): 2297 -2316.

[190] Xia Chen, Cheng Qiang. What determines the market impact of stock recommendations? [J]. Ssrn Electronic Journal, 2003.

[191] Boehme, Rodney D., Bartley R. Danielsen, Sorin M. Sorescu. Short - sale constraints, differences of opinion, and overvaluation [J]. Journal of Financial and Quantitative Analysis, 2006, 41 (2): 455 -487.

[192] Houge T, Loughran T, Suchanek G, et al. Divergence of opinion, un-

certainty, and the quality of initial public offerings [J]. Financial Management, 2001: 5-23.

[193] 俞红海，李心丹，耿子扬. 投资者情绪，异质信念与中国股市IPO之谜 [J] 管理科学学报，2015，18 (3): 78-89.

[194] 史永东，李凤羽. 卖空限制，异质信念收敛与信息披露的股价效应——来自A股市场的经验证据 [J]. 金融研究，2012 (8): 111-124.

[195] 李科，陆蓉，夏翊. 基金家族共同持股：异质信念与股票收益 [J]. 经济研究，2015 (10): 64-75.

[196] Odean, T. Are investors reluctant to realize their losses? [J]. The Journal of Finance, 1998, 53 (5): 1775-1798.

[197] Odean, T. Do investors trade too much? [J]. American Economic Review, 1999, 89 (5): 1279-1298.

[198] 金晓，唐利民. 政策与股票投资者博弈分析 [J]. 海通证券2000年研究报告，2000 (12): 24-31.

[199] 施东晖. 证券投资基金的交易行为及其市场影响 [J]. 世界经济，2001，(10): 26-31.

[200] 韩佳彤，熊熊，张维等. 中国股票市场"两会"效应分析 [J]. 经济评论，2019 (2): 101-112.

[201] 李心丹，王冀宁，傅浩. 中国个体证券投资者交易行为的实证研究 [J]. 经济研究，2002 (11): 54-63.

[202] Mizrach, B., S. Weerts. Experts online: An analysis of trading activity in a public Internet chat room [J]. Journal of Economic Behavior & Organization, 2009, 70 (1-2): 266-281.

[203] Dewally, M. Internet investment advice: Investing with a rock of salt [J]. Financial Analysts Journal, 2003, 59 (4): 65-77.

[204] Wysocki, P. Cheap talk on the web: The determinants of postings on stock message boards [J]. Ssrn Electronic Journal, 1998.

[205] Sabherwal, S., S. K. Sarkar, Y. Zhang. Online talk: does it matter?

[J]. Managerial Finance, 2008, 34 (6): 423 - 436.

[206] 宋双杰，曹晖，杨坤．投资者关注与 IPO 异象——来自网络搜索量的经验证据 [J]. 经济研究，2011 (1): 145 - 155.

[207] Pang, B. , L. Lee. Opinion mining and sentiment analysis [J]. Foundations and Trends© in Information Retrieval, 2008, 2 (1 - 2): 1 - 135.

[208] 刘欣．互联网财经新闻媒体对中国股市的影响力排名研究 [D]. 成都：西南财经大学，2014.

[209] 何诚颖，陈锐，薛冰，等．投资者情绪、有限套利与股价异象 [J]. 经济研究，2021, 56 (1): 58 - 73.

[210] 朱伟骅，张宗新．投资者情绪、市场波动与股市泡沫 [J]. 经济理论与经济管理，2008 (2): 45 - 50.

[211] Hirshleifer D, Jiang D, Digiovanni Y M. Mood Beta and Seasonalities in Stock Returns [J]. Journal of Financial Economics, 2020, 137 (1): 272 - 295.

[212] Doukas J A, Kim C, Pantzalis C. Divergence of Opinion and Equity Returns [J]. The Journal of Financial and Quantitative Analysis, 2006, 41 (3): 573 - 606.

[213] Avramov D, Chordia T, Jostova G, et al. Dispersion in Analysts' Earnings Forecasts and Credit Rating [J]. Journal of Financial Economics, 2009, 91 (1): 83 - 101.

[214] Chang Y C, Hong H G, Tiedens L, et al. Does diversity lead to diverse opinions? Evidence from languages and stock markets [J]. Rock Center for Corporate Governance at Stanford University Working Paper, 2015 (168): 13 - 16.

[215] Bailey M, Cao R, Kuchler T, et al. The economic effects of social networks: Evidence from the housing market [J]. Journal of Political Economy, 2018, 126 (6): 2224 - 2276.

[216] Cookson J A, Niessner M. Why Don't We Agree? Evidence from a Social Network of Investors [J]. Journal of Finance, 2020, 75 (1): 173 - 228.

[217] Bayar O, Chemmanur T J, Liu M H. A Theory of Capital Structure,

Price Impact, and Long - run Stock Returns under Heterogeneous Beliefs [J]. The Review of Corporate Finance Studies, 2015, 4 (2): 258 - 320.

[218] 张宗新，王海亮．投资者情绪，主观信念调整与市场波动 [J]. 金融研究，2013 (4): 142 - 155.